LA REINA QUE DIO CALABAZAS AL CABALLERO DE LA ARMADURA OXIDADA

Rosetta Forner

LA REINA QUE DIO CALABAZAS AL CABALLERO DE LA ARMADURA OXIDADA

© Rosetta Forner, 2004
© de esta edición: 2006, RBA Libros, S.A.
Pérez Galdós, 36 - 08012 Barcelona
rba-libros@rba.es / www.rbalibros.com

Primera edición de bolsillo: septiembre 2006

REF.: OBOLO46 / ISBN: 84-7871-762-5
DEPÓSITO LEGAL: B.36.834-2006
Composición: Manuel Rodríguez
Impreso por Cayfosa-Quebecor (Barcelona)

ÍNDICE

Prólogo

CABALLERO OXIDADO, CABALLERO MUERTO

Érase una vez un reino en el que los caballeros presumían de tener armaduras oxidadas y sus damiselas se resignaban a ser conquistadas por ellos. Un reino en el que los padres enseñaban a sus hijos qué hacer para que las corazas brillantes con las que venían al mundo fueran adquiriendo esa pátina de óxido que da nobleza. Un lugar, a su vez, en el que las madres enseñaban a sus hijas a ver el lado bueno de la herrumbre y a no dejarse seducir por los brillos metálicos de gentilhombres presuntuosos. Y así, contra todo pronóstico, la moda de aquel remoto, remotísimo reino, se extendió más allá de sus límites naturales.

Su modo de ver las cosas traspasó ríos y montañas. Reinos en los que los caballeros limpiaban a diario sus armaduras, batiéndose en justa lid con enemigos feroces a causa de sus princesas o por el honor de vencer imposibles, terminaron por aceptar aquella tendencia venida del extranjero, sucumbiendo a su opaco fulgor.

Fue una conquista silenciosa, extraña, que jamás requirió combate alguno. Si alguna vez un caballero de armadura reluciente tropezaba con otro oxidado, el último terminaba por convencerle de la comodidad de la vida fácil sin si quiera desenvainar su espada. «¿Para qué lustras tu coraza si la herrum-

9

bre le da tanta solera?», decían. Y así, aquellas armaduras pardas fueron ganando terreno lenta pero implacablemente.

Pero ocurrió algo todavía más extraño: los fieros dragones que en otro tiempo se enfrentaban a los caballeros resplandecientes, terminaron acostumbrándose a aquellos nuevos guerreros de sangre tibia, que jamás les plantaban cara. Los monstruos perdieron interés por secuestrar a las damiselas, muchas de las cuales morían de pena sin ser reclamadas jamás, y aquellas gestas poderosas que un día ilustraron los cantares de trovadores y clérigos terminaron borrándose de la memoria de aquel reino.

Un día, sin embargo, cuando los oxidados descansaban de su falta de trabajo bajo unos árboles frondosos, llegó alguien de un mundo no tocado por la herrumbre. Era una reina hermosa, de gran carácter, dispuesta a no permitir caballeros herrumbrosos a su vera. Aquella reina sagaz se dio cuenta de que el óxido de las armas de aquellos gañanes era el reflejo de la decadencia sentimental de los hombres. Varones otrora entregados a la fuerza del mito, al valor de la lucha por ideales, languidecían inexplicablemente en sus casas, tumbados en el sofá. Lo peor era que sin armadura a punto, tampoco había Griales que buscar, dragones o miedos internos que vencer, ni Avalones o altas metas a los que dirigirse.

Lo que la reina descubrió fue terrible: ¡Ese reino de oxidados somos nosotros!

En efecto. Somos una sociedad que ha perdido el gusto por el sendero iniciático, por la preparación paso a paso para enfrentarse a la vida, que cree que los dragones nacen envasados en *tetrabriks* y que las princesas sólo existen en los cuentos de Disney. Sólo algo me reconforta: que, por suerte, ese reino desencantado, cansino, se encuentra ya en su lecho de muerte. Una muerte que será real, dura, implacable, y que acabará en breve con millones de oxidados.

¿Por qué estoy tan seguro? Porque a nuestras librerías llegan cada vez más obras como ésta. Escritos de reinas como Rosetta Forner que nos devuelven el gusto por el mito, por las altas empresas, por la búsqueda del amor en mayúsculas. Y porque, de un tiempo a esta parte, los nuevos caballeros leen *Harry Potter* o *El señor de los anillos*, devoran novelas de intriga mágica y, en su fuero interno, ya disfrutan del lado trascendente y glorioso de la vida. El único, por cierto, que acabará —y pronto— con el funesto reino de los oxidados.

Requiescat in pacem.

JAVIER SIERRA*

---

* Javier Sierra es director de la revista *Más Allá de la Ciencia*, y ha escrito, entre otros muchos libros, *Las puertas templarias* (Martínez Roca, Barcelona 2001) y *El secreto egipcio de Napoleón* (La Esfera de los Libros, Madrid 2002).

PRIMERA PARTE

LA HISTORIA

Detrás de toda reina existe una historia con su punto de fantasía y de vivencias que querrían ostentar el rango de olvidables, de amores que nacieron limpios y luego extraviaron el sentido, de noches de sueño ausente, de besos que nos hicieron creer que el amor era posible y de sentimientos que un día pudieron ser auténticos.

Detrás de toda reina hay una historia de corazón inocente y corona desconocida.

Detrás de toda reina hay un sueño de búsqueda eterna por cuya consecución es capaz hasta de empeñar la corona y enfrentarse a los demonios más oscuros.

Detrás de toda reina hay una historia confesable de amor perdido, traicionado, hallado, soñado, sentido, ignorado y aprendido.

Dentro de toda reina existe un alma fuerte que arriesga todo con tal de vivir su vida y alcanzar el destino de su corona.

1

LA REINA QUE MANDÓ A PASEO A UN CABALLERO DE ARMADURA DEMASIADO OXIDADA

Érase una vez un reino en el que, para ser reina, había que ganárselo. Por ello, aunque no todas las mujeres fuesen reinas, cierto era que podían llegar a serlo algún día si se aplicaban a ello.

Había en este reino una mujer que ya lo era: una hermosa reina que, para su desgracia, estaba hasta la coronilla de que su esposo anduviera enfundado en una armadura que, en realidad, estaba oxidada. Porque, para qué negarlo: estaba absolutamente oxidada.

Y, ¿por qué estaba tan harta?

Sencillamente, porque le habían inculcado que tenía que aguantar: «Querida, los hombres son diferentes, tienen otros problemas, otras necesidades, y todo eso...», solían recitar las demás damas del reino al oído de su corona para mareársela un poco más, cual perdiz en la cazuela. Además le decían que tenía que ser buena y paciente, que debía tomarse las cosas con filosofía oriental... Que viene a ser lo mismo que darle una y mil oportunidades al bobalicón del marido... Y ella se rebelaba contra lo que le habían enseñado, pues sus ideas genuinas y auténticas pugnaban por salir y cantarle al mundo las cuarenta... ¡Y tantas!

¿Siempre había sido así?

Por supuesto que no.

Antes de que su marido entrase en crisis y se dedicase a salvar, a diestro y siniestro, damiselas y caballeros en apuros que nunca habían querido ser rescatados por una armadura, el caballero era gentil, educado y emocionalmente asequible. Pero eso era antes de que le diesen aquel cargo tan importante en el equipo de las cruzadas. Se llenó de orgullo y vanidad por ser caballero de rango supremo —era adjunto al general de más rango—. Y le gustaba aquello de rescatar a gente en apuros. Tanto gusto le tomó que, aunque no estuviese involucrado en misión alguna, allá iba él a rescatar a alguien... Y más si se trataba de una damisela.

La reina no era una doncella tonta ni sufrida, ni se consideraba a sí misma una víctima que estuviese en el mundo para penar y aguantar. Ella no había nacido para soportar a nadie en semejante fiasco de armadura. Cierto era que ella amaba el corazón del guerrero que habitaba debajo de tantas y tantas capas de olvido de sí mismo, pero aquel amor no le impedía ser sensata, cuerda y práctica, con lo que ella siempre optaría por sí misma y no por él. Por consiguiente, si él quería malgastar su vida en naderías, allá él...

Muchas mujeres del reino (mujeres, que no reinas, pues no es lo mismo, ya que toda mujer no es reina necesariamente, ya se sabe: ha de ganarse el título) le decían, a modo de consejo no solicitado, que haría bien en intentar ayudarle, comprenderle, amarle y aceptarle tal como era... Al fin y al cabo era su esposo y se había casado con él «para las duras y las maduras». Por ello debía apoyarle y, sobre todo, aguantarle.

Pero ella, que sí era una reina, las miraba de hito en hito, y se decía a sí misma que prefería el destierro antes que hacer lo que aquellas mujeres se hacían a sí mismas. Y es que aquellas mujeres habían adoptado estrategias varias: empinar el codo, salir de marcha sin parar y sin rumbo fijo, comer todo lo que se les ponía a tiro de mandíbula, trabajar como esclavas en plantaciones de algodón donde no había algodón, tener amante —que equivale a poner un parche que no parchea nada, dicha sea la verdad—, sacarle humo a la tarjeta de crédito, hacerse la cirugía estética, rescatar a su vez a propios y extraños, y un sinfín de despropósitos a su estima y dignidad.

Ella, una reina, estaba hasta la corona de obligarse a sí misma a seguir con aquel caballero de oxidada armadura tan sólo porque un día se hubiese enamorado de él y hubiese decidido unir su destino al suyo.

Toda decisión puede ser rectificada.

Toda decisión puede ser divorciada.

Y ella estaba decidida a divorciarse de aquel caballero que cada día se sumergía más y más en su armadura. Evidentemente, este tipo de ideas que albergaba la reina no eran habituales ni usuales en la sociedad en la que ella vivía. Y no lo eran porque a los seres humanos de su reino se les antojaba pecaminoso desdecirse de la decisión que uno había tomado. Y, por pecaminoso, entendían «miedo a enfrentar una verdad, teniendo por ello que tomar la decisión de dejar lo conocido y enfrentarse a lo desconocido, al vacío de un futuro incierto». Mucha gente le comentaba que lanzarse sin saber si el paracaídas iba a abrirse o no era ciertamente arriesgado. ¡Demasiado arriesgado! Es más, una vez hecha la elección y establecido el reino, era de insensatos tirar por la borda todo lo construido, todos los esfuerzos empleados en desarrollar y consolidar una relación. Pero a nuestra reina no le importaba lo más mínimo el miedo, ya que ella era valiente y plena de coraje, por lo que no consideraba que divorciarse fuese «certificar el fracaso de una relación» ni tirar nada por la borda. Es como si uno cocina un plato y después se da cuenta de que ha usado calamares en mal estado... Lo sensato sería tirarlo a la basura y punto. Y, normalmente eso es lo que se suele hacer. Sin embargo, en cuestiones del corazón muchas personas proceden al contrario: se lo comen sin importar el daño que infligen a su psique, a su corazón y a su alma.

Recuerda: la pérdida de los instintos salvajes conlleva el envenenamiento del corazón primigenio.

¿Por qué aguantar?

No había razón alguna que justificase aguantar a alguien que se había empecinado en hacer de su vida un fiasco de idas y venidas sin sentido. Ella era un ser completo por sí misma y no necesitaba la presencia del caballero en su vida. Al menos, no un caballero en semejantes condiciones emocionales y psicológicas. Ella deseaba compartir su vida con un caballero de abierta alma y elegante corazón, alguien que la arropase en noches de frío invierno y pudiese darle cobijo en sus brazos de alma abierta, sin temor a amar y manifestar sus sentimientos. Ella quería a alguien que no se enfundase una armadura para poder vivir su vida.

La reina creyó que un verdadero caballero nunca tendría necesidad de vestir armadura alguna. A decir verdad, en aquella época de su vida nuestra reina desconocía la existencia de armaduras demasiado oxidadas, ya que aún no se había dado de bruces con la asunción e introspección de la realidad que se alcanza, por regla general, con el paso de los años y los coscorrones vitales. Y, dado que le amaba, se casó con él. Pero con los años, la realidad de las armaduras demasiado oxidadas les alcanzó, ya que él, el caballero esposo de nuestra reina, decidió ponerse la armadura para eludir sus demonios interiores, ciertamente duros de pelar porque eran emocionales. Se trataba de problemas que provenían de su infancia (espacio en el que suele hallarse el origen de nuestros males de adultos). Ahora bien, la razón por la cual decidimos construir armaduras en las que escondernos de nosotros mismos en vez de enfrentarnos abiertamente a los desconciertos vitales, es para huir de nuestros miedos, ya que pensamos que así estaremos a salvo. Sin embargo, no es posible esconderse dentro de una armadura puesto que, por paradójico que parezca, allí ni siquiera hay sitio para uno mismo.

Por eso, la reina, ante semejante armadura asfixiante del alma, decidió pedir el divorcio al caballero de armadura demasiado oxidada y estrecha. Ella, a diferencia de su esposo, sí se arremangó, se colocó la corona y se enfrentó a los demonios del pasado. Ella, como reina que era, no huía, sino que plantaba cara.

2

REGRESO AL PASADO

Cuando él no tenía aún armadura —que luego se oxidaría, no lo olvidemos—, y era todavía un caballero en toda la extensión de la palabra.

Érase una vez dos seres de cándido corazón y abierta esperanza a conocer al amor de su vida. Un día quiso el destino que ambos se encontrasen en una fiesta, y desde el instante en que se vieron supieron que querrían pasar el resto de sus días juntos. El amor brotó en su alma casi al instante de conocerse, de mirarse a los ojos. Ella se quedó embelesada por su propio presentimiento, pues una premonición cruzó cual estrella fugaz su espacio interior: «Con este hombre te casarás», le susurró una voz. Y ella sonrió a su destino.

Por su parte, él andaba metido en una relación para «pasar el rato», y cuando la vio supo que tenía ante sí a «la mujer de su vida», y así se lo dio a entender. Ella era un sueño hecho realidad. Toda su vida había aspirado a una mujer como ella: bella en su exterior y mágica en su interior. Una mujer de alma hermosa y cerebro inteligente cuya luz le fascinó, pues inmediatamente se dio cuenta de que tenía ante sí a una reina. Y, él, que se consideraba a sí mismo un caballero de gran nobleza, decidió que aquella reina sería suya. Exacto: ¡Para él y para nadie más en este mundo! No quería dejar escapar semejante oportunidad del destino. No quería que nadie le robase la magia que aleteaba en las alas de aquella reina, porque estaba hasta las espadas de toparse con damiselas de alma vacía y corazón estrecho que sólo sabían dejarse llevar y rescatar. Y, cuando ya creía que jamás podría hallar semejante maravilla, el destino la trajo hasta su puerta de la mano de un colega (otro caballero que había ido de viaje a otras tierras en las cuales había conocido a aquella reina de elevadas alas).

¡Ah! Lo olvidaba. El otro caballero, que no era tan caballero, se mosqueó sobremanera cuando la reina se fijó en su amigo. Le entraron muchos celos y quiso boicotear la relación de ambos, pero el destino no lo permitió y le sacó a puntapiés de su vida. Un caballero jamás desea a la reina de otro, ni siente celos ni idea estrategias para ponerles en contra o hacerles enfadar, ni busca otras triquiñuelas con las que conspirar para malograr la relación.

Nuestro caballero, al que llamaremos Sir Ramplón de Librogrande, era de rango intelectual elevado, por lo que formaba parte de un club cuyos miembros se caracterizaban por idear estrategias para las guerras y cruzadas. En verdad eran inteligentes, pero no sabios, pues en ellos faltaba el corazón, y ya se sabe que sin corazón un guerrero se queda en lo intelectual, sólo es mente, y acaba por ser un simple guerrero «enfadado y malhumorado» que dispensa violencia en forma de ideas y dogmas fríos. En el fondo, a todos les gustaba ser amados pero no se lo querían confesar a sí mismos.

El caballero encontró a su corazón bajo la apariencia de una reina. Durante mucho tiempo estuvo embelesado mirándose en ese amor que la reina le prodigaba. Y fue feliz como nunca lo había sido en su vida. No podía vivir sin ella ni lo quería. Ella había dado sentido a su vida, a su mente y a sus despertares. Vivir con ella el resto de su vida era lo que más deseaba en este mundo, y por eso hizo lo que hizo: casarse con ella. Ahora bien, paralelamente a su historia de amor con la reina, existía su historia de club de caballeros. Y, como los demás tenían el corazón ciertamente congelado, los consejos que le daban eran fríos como el hielo. Es más, no podían soportar que el caballero tuviese a una reina en su vida, ni que fuese feliz con ella, ni que ella le amase tanto como le amaba, y que encima fuese guapa, inteligente y elegante. No podían admitir que hubiese un caballero en el club que tuviese una vida amorosa feliz y satisfactoria, pues eso era atentar contra las buenas costumbres y normas de la vida de caballero de armadura demasiado oxidada.

Ellos sentían con la razón y no se dejaban dominar por las nimiedades del corazón. «El cerebro manda, y punto», decían. «Cuando uno no se guía por la mente, la razón y el análisis, acaba por desviarse del camino, con lo que sus logros profesionales se ven mermados y contaminados por la sensiblería del corazón. Si uno aspira a ser un caballero de pro, ha de dejar de lado las emociones.» Y así se lo explicaron al caballero.

Tengo que contar, en honor a la verdad, que si pudieron contaminarle fue porque en él existía un caldo de cultivo que lo propició. Por ello, la labor de desajuste emocional prosperó y acabó por arraigar en el corazón del caballero, siendo así como Sir Ramplón de Librogrande finalmente terminó por enfundarse la misma armadura que los demás: una armadura oxidada, símbolo del club de caballeros que huyen de su corazón y del dolor de las experiencias emocionales de su infancia...

La infancia de nuestro caballero no fue patética, simplemente tuvo como modelo de madre a una mujer de alma resentida.

¿Por qué tenía el alma resentida?

Sencillamente, porque se había sentido obligada a casarse y a proseguir con un matrimonio que resultó ser un fiasco para su corazón. Su madre era una mujer independiente que se ganaba las habichuelas por su cuenta, con grandes dones y capacidades para triunfar como mujer y como ser humano; en fin, para ser una reina. Pero, dado que ella daba más importancia a las normas imperantes en la sociedad y familia en la que vivía, dejó de lado sus propias creencias y se obligó a sí misma (esto nunca se lo confesó ni lo admitió) a casarse con un hombre que creyó caballero pero que, en verdad, andaba muy perdido en una armadura que estaba oxidada hasta las tuercas. Esto generó un resentimiento de tres pares de... ¡zapatones! Tanto la madre como las hermanas de nuestro caballero andaban muy enfadadas con la vida, razón por la cual se sentían minusvaloradas y vilipendiadas por el hecho de ser mujeres, y proyectaban toda su rabia y resentimiento contra los hombres. Es más —y esto es lo más triste de todo—, no soportaban a una mujer triunfadora y feliz. ¡Ah! Y dado que nuestra reina lo era, arremetieron contra ella y... ¡contra él! Trataron de hacerles la relación imposible.

Evidentemente, si el corazón del caballero no hubiese estado sembrado de dudas, sombras y rencores ajenos, hubiese resistido el embate y hubiese salido a defender su reino, su amor y su relación con la reina. Pero su realidad interior le llevó a hacer todo lo contrario: arremeter contra la reina. De pronto pasó a tener celos de ella.

Todo el amor que sentía por ella se contaminó de dudas, y la luz que antaño le deslumbrara y quisiese para sí, pasó a ser empañada por los celos de la inseguridad. Se sentía desamparado, y no sabía por qué.

La razón era bien simple: le había pegado una patada a sus sentimientos y éstos, al irse, le habían dejado un profundo hueco. Pero en su desamparo no atendió a razones y comenzó a acusar a la reina de ser la causante de sus males y a exigirle que le reparase la maltrecha armadura.

Otro caballero de elegante porte y sabia mente le comentó a la reina que ella no era culpable de nada de lo que le ocurría al caballero, su marido. Sencillamente, él tenía asuntos internos por resolver. Dicho en lenguaje un poco psicoanalítico: «Tenía que enfrentarse a dragones interiores cuyo origen se remontaba a la infancia». También le dijo: «Verás, la relación amorosa, convivencia y matrimonio es la relación más íntima que existe, y nos pone frente a frente con nuestras sombras más temidas y odiadas. Y, ante ello, uno tiene dos opciones, a saber: enfrentarse con los dragones existenciales cogiéndoles por los *kinders* o proyectárselos a la pareja, que es ni más ni menos lo que él está haciendo contigo».

La reina se sentía muy triste, pues el caballero no quería asumir la responsabilidad sobre su propia vida y prefería echarle toda la basura a ella tachándola de poco femenina, arrogante y deslenguada. La misma reina que un día le había enamorado por su luz tan excelsa y bella era ahora una bruja a la que insultar y odiar. Y todo porque él no había podido apropiarse de unas maravillosas cualidades que ella tenía y, en cambio, a él le faltaban.

Amar a otro no implica transferencia de genialidades.

Pero él no quería verlo así, y por ello decidió abrazarla cada mañana con sus celos.

Trató de hacerle la vida imposible para intentar que ella se deshiciese de su luz y, al menos, los dos quedasen en igualdad de condiciones y conviviesen desde sendas armaduras... Pero no unas armaduras relucientes, creativas y positivas (que no por ello dejan de ser armaduras...), sino unas sucias y terriblemente oxidadas.

Tanto trató de hacerle la vida insoportable que, cada mañana, al despertar, y cada noche, al ir a dormir, le recitaba un mantra destructor de la dignidad más sólida y minador de la moral más elevada. Sir Ramplón de Librogrande se afanó en desestabilizar los cimientos de la psique de la reina cual terremoto en su escala máxima, haciendo de ello su cruzada vital y, no contento con mancillar su espacio vital, se dedicó, a su vez, a ensuciar la imagen de la reina, haciéndoles creer a los demás (incluida su familia) que ella era una marimandona, soberbia y celosa que le tenía amedrentado y no le permitía salir del castillo ni tan siquiera para visitar a sus parientes cuando le necesitaban.

A todo este «tinglado conspirador» ahora se le conoce como «acoso psicológico», pero en aquella época de cruzadas, caballeros, damiselas y reinas... ¡Eso era desconocido! A casi nadie se le ocurrió dudar que la historia fuese poco menos que una farsa envenenada propia de una armadura oxidada hasta las tuercas de las tuercas. Consecuentemente, todos murmuraban a escondidas, compadeciendo al caballero de armadura demasiado oxidada por la ruin mujer que le había tocado en suerte como esposa.

«Pobre, con lo bueno que eres no te mereces semejante bruja de esposa», leyó un día la reina en una carta que cierta damisela de diadema muy floja le había escrito a su marido.

Dediquemos un momento a analizar este comentario *bienintencionado* que una mujer —obviamente, damisela de diadema floja—, hace a propósito de la esposa de un caballero al que quiere «caerle bien», que es lo mismo que decir «ante quien querría ganar puntos o el favor de su armadura».

¿Por qué querría hacer esto?

Sencillamente porque, en el pasado, se interesó por el caballero, pero éste la rechazó indirectamente al escoger a otra por esposa. Por consiguiente, la rechazada aprovechará la más mínima ocasión de desliz matrimonial para meter cizaña en contra de la elegida. Compadecerá al caballero con la podrida intención de generarle más zozobra y maldad en su corazón de forma que odie un poquito más a la reina o dama que tiene por esposa y, así, abrirse paso hasta su corazón.

«¡Qué barbaridad!», estarás pensando.

Bueno... No sé si es barbaridad o no. Pero lo qué si que sé es que esto sucede, y a veces con demasiada frecuencia. Suele tratarse de una táctica muy utilizada por damiselas de diadema floja para demostrar al caballero de turno que ellas son mejores.

¡Oh!

Ya ves.

Por consiguiente, una damisela de diadema floja decide aprovechar la coyuntura *desastre-amoroso-matrimonial* para ganarse el favor de un caballero mostrándole lo buena, considerada, compasiva, comprensiva y generosa de corazón que ella es. A diferencia de la esposa, ella «nunca le haría una cosa así».

Absolutamente cierto, ella nunca haría lo que la reina hace: ¡Decir la verdad a su esposo!

Damiselas de diademas flojas haberlas haylas, y reinas también.

De todos es sabido que las damiselas (no las reinas) gustan de utilizar trucos malabares para desprestigiar a otra dama delante de un caballero, tratándola de algo en lo que precisamente ellas son las expertas, pero cuya zona oscura disimulan muy requetebién.

¿Sólo las damiselas de diadema floja exhiben comportamientos tan deleznables?

¡No! ¡Por favor, no seamos misóginos!

La realidad: caballeros de armadura oxidada y damiselas de diadema floja tienen muchas cosas en común, y una de ellas es la poca honestidad de las estratagemas que utilizan para ganarse la atención, el favor o el privilegio del otro. De todos es sabido que el estilo de competición de muchos seres humanos es el de igualar hacia abajo, esto es, superar o vencer al contrincante a base de desprestigiarle o negarle cierta cualidad.

Ya dijimos que otro caballero (no tan caballero, por cierto), pretendió meter cizaña entre nuestro protagonista y la reina cuando estos se conocieron.

Dejémoslo, pues, en que dichos comportamientos ponzoñosos son propios de caballeros de armaduras muy oxidadas y de damiselas de floja diadema y oscurecida alma. Pues la maldad no es patrimonio de un sexo, sino de ambos, aunque ciertas estrategias sean más usadas por un bando que por el otro.

«¡Pardiez! Podrían ambos usar la verdad y la dignidad para exhibir sus almas», pensarás.

¡Oh!, eso sólo lo hacen las reinas y los reyes de verdad.

Pero eso es otra historia que, ahora, aún nos queda lejana.

3

LA VIDA EN EL REINO MALDITO

La vida de ambos se tornó taciturna y ausente de cariño.

Ninguno de los dos era feliz con el otro.

Se pasaban los días mirando para otro lado, tratando de no cruzar sus mutuas ausencias y vacíos de corazón. No obstante, la reina era poderosa y su luz invencible, por lo que ni todos los celos del caballero lograron matarla de hambre emocional, aunque le dejaron la corona maltrecha y fuera de su sitio. De todos modos consiguió recolocarla con la ayuda de un hada muy ducha en temas de autoestima y recuperación de la dignidad. Y es que lo que la reina perdió en su matrimonio con el caballero de la armadura demasiado oxidada fue la dignidad de sentirse y saberse reina. Renunció —sólo temporalmente, pero renunció— a su rango de reina, sometiéndose a sí misma para poder, de esta manera, seguir casada con el caballero que le propinaba mamporrazos a sus alas, corona y dignidad.

A buen seguro muchas mujeres pensarán que «no sería para tanto», pues de haberlo sido le hubiese dejado. Tengo que contaros que, en verdad, llegó un día en que le dejó plantado, y no por otro, sino por ella misma. Sólo una mujer que haya perdido la dignidad y la haya recuperado —o esté en vías de hacerlo— sabe a ciencia cierta que sí que era para tanto y para más.

Las excusas para seguir casada con un asno emocional, léase caballero de armadura oxidada, son cosas como: «Mi amor le cambiará», «no es para tanto», «eso de ser hombre es muy duro» y un largo etcétera de sandeces varias que atontan la mente y matan de hambre la estima.

La vida en el reino maldito era triste, vacía, distante, políticamente correcta, repleta de broncas de campeonato y de hielos aplicados directamente al corazón cual puñales envenenados.

Pregunta: ¿Qué pueden hacer dos cuando no se aman de verdad y tienen el corazón repleto de miedos, rencores, celos —o al menos, uno de ellos?

Respuesta: Sencillamente, pelearse, discutir, echarse las culpas y tratar de huir de una realidad que se ha vuelto demasiado dura, demasiado real, como para ser vivida. Por su parte, el caballero optó por buscar solaz en la química (no es que se pusiese a estudiar química, no. Es que fue al psiquiatra del reino y éste le recetó pastillas para su pérdida vital —léase depresión—, con lo que comenzó a tomar «champiñones mágicos» para olvidarse de la reina, del mundo y de sí mismo). Pero no se olvidó. En su lugar, se acordó más y más de sí mismo y, tornándosele insoportable la realidad, optó por decir a la reina que ella era su enfermedad, y que si ella desaparecía de su vida también lo haría la enfermedad.

Al principio, la reina trató de apoyarle y de ayudarle a salir de su desconcierto vital. Trató de no prestar atención a lo que él le decía. Lo disculpaba alegando que estaba enfermo, razón por la cual no era consciente de lo que decía. El amor que ella sentía por él aún era demasiado poderoso y ciego como para dejarla ver que tratando de ayudarle no hacía ningún favor a ninguno de los dos: ni se lo hacía a él, porque entraba en su juego, ni a ella misma, pues estaba cavando su propia tumba vital.

«¿Cavando su propia tumba vital?», repetirás a modo de exclamación tratando de despejarte tu perplejidad.

¿Qué era aquello?

Te lo explico: ella se había puesto a un lado, negándose el derecho a ser ella misma y quitándose la dignidad con el propósito de ayudar a un ser que no quería ayuda. De haberla querido se la hubiese buscado en serio, por lo que no se hubiese refugiado en la química, que distrae de todo menos de uno mismo. Ella, la reina, pretendió ayudar a un ser cuyo único objetivo era someterla, arrancándole dignidad y luz para así llevarla a su nivel de armadura oxidada. Si ella se construía una armadura similar a la suya armonizarían, y él ya no tendría que buscarse otra damisela (ya que encontrar otra así de guapa, inteligente, elegante y poderosa no era fácil) para pasearla por los torneos y llevarla a los banquetes de su club de caballeros de la armadura demasiado oxidada, cual trofeo a ser exhibido para honra y honor de su graduación. Él quería que fuese ella, sí, que ella siguiese siendo su reina. Pero la quería domesticada, rebajados los humos y arrancada la dignidad para así poderla manejar a su antojo y que no le crease problemas. La reina, a sus ojos, ¡era demasiado respondona! Paradójicamente, todas las cualidades que al principio le gustaron e hicieron que de ella se enamorase se habían convertido en motivos envenenados que laceraban su debilucha estima de caballero de armadura demasiado oxidada (recordemos que dentro de una armadura no hay sitio ni para uno mismo).

«¿De verdad pasan estas cosas?», te preguntarás.

«No puede ser», sé dirán muchos al leerlo.

Pues sí, pasan, y muy a menudo. Demasiado a menudo. En caso contrario no habría tantos divorcios ni tantas personas con el corazón envenenado ni tanto acoso psicológico-matrimonial y laboral.

El caballero, al principio, adoró a la reina por su luz. También creyó que si la amaba podría poseerla, por lo que la quiso más que a sí mismo. Pero cuando su objetivo se demostró baldío, la ira tejió maldad en su corazón y, enredado en la perdición de la oscuridad, trató de recuperar por todos los medios el amor que le había entregado. Al no obtener el resultado esperado —que no era otro que el de la devoción ciega, la entrega absoluta y no hacerle ni la más mínima pizca de sombra— le dio un ataque de venganza... Y, ya se sabe, la frustración iracunda es demasiado poderosa puesto que se requieren grandes dosis de amor, coraje, compasión, sentido del humor y flexibilidad para lograr enfrentarse a ella. Los ángeles vuelan porque se toman a sí mismos a la ligera —eso dicen—, el resto se toma demasiado en serio como para siquiera elevarse medio palmo cuando da un salto.

No obstante, la dignidad de una reina es demasiado eterna, demasiado testaruda como para ser acallada. Por eso, a pesar del amor que por él sentía, llegó un momento en que la vida en el castillo se le antojó demasiado insufrible como para continuar de aquella manera. Así que plantó cara al desafío que él le había planteado.

Ya te lo había confesado con anterioridad: la reina era muy pero que muy respondona y no agachaba la cabeza ni se quitaba la corona por nada ni por nadie. Aunque sólo fuese por la tozudez que alimentaba su empeño de recuperar su dignidad... ¡se mantendría en su trono! A ella le traía al fresco lo que dijeran tanto el caballero como sus secuaces del club de los caballeros de la armadura muy oxidada.

Para sorpresa de él, no había conseguido debilitarla suficientemente. Y, en vista de que la reina seguía levantando la cabeza y todavía se atrevía a plantarle cara, decidió pedir consejo a sus colegas del club. Ellos le comentaron que tenía que hacerle ver como fuese —no importaban las estratagemas, ardides, astucias que usase para conseguir tan loable fin— que ella era su esposa y que, como tal, debía apoyarle en todo y le debía obediencia fiel. Incluso le recomendaron que le ofreciese hacerla madre.

«¿Cómo?», te oigo exclamar perpleja.

Lo que lees: hacerla madre.

Y es que entre los caballeros del club de la armadura demasiado oxidada se llevaba aquello de hacer madres a las esposas, para así tenerlas calmadas y entretenidas en menesteres mundanos. No entendían la paternidad como un proyecto en común fruto de una relación de pareja madura y preparada para dárselo todo al nuevo ser que llegara al mundo. Lo utilizaban como moneda de intercambio: «Yo te hago madre y tú me apoyas en las cruzadas», que era lo mismo que decirle: «Como ya tienes compañía, me podré ir de cruzadas sin que me repliques que siempre estás sola en el castillo y no tienes con quién hablar. De ahora en adelante, ya lo tienes».

Pero la reina no entró al trapo. En vez de ello, rechazó el chantaje emocional alegando que los hijos no se negocian de esa manera ni son moneda de intercambio doméstico-profesional. Si él pretendía tener hijos por otro motivo que no fuese el amor, ¡ella no haría padre a un caballero con semejantes ideas! Esto sorprendió mucho al caballero de armadura demasiado oxidada, ya que no era normal que una mujer no quisiese tener hijos para salvar un matrimonio de la ruina emocional. Eso era un parche de lo más común y habitual entre las parejas del reino, pues de todos es sabido que «los hijos unen». Aunque sólo una reina sabe la ver- dad: que los hijos no unen un matrimonio que no está unido, sino que ponen aún más de manifiesto si dicha unión existe o no, así como la calidad y el estado de salud de la misma. Los hijos toman el pulso a la relación y le hacen una analítica en toda regla.

Por consiguiente, viéndolas venir, la reina decidió que suficiente sería tener que pasar ella por el trance del divorcio como, para encima, enredar a una criatura inocente en semejante fregado. Si en su destino estaba tener hijos, con toda seguridad sería con un rey y no con un mendigo emocional. Es más, no quería tener motivo alguno basándose en el cual verse obligada a visitar al caballero de armadura demasiado oxidada una vez se hubiesen divorciado. Porque... ¿para qué se divorcia una dama de un caballero si no es para perderle de vista? La reina no entendía cómo había mujeres que seguían relacionándose tan ricamente con su ex después de haber alegado, como base de su divorcio, que la relación con él era insufrible, dolorosa e insoportable. Si tan insoportable era, ¿cómo es que se seguían viendo con él y permitiendo que él les regalase flores una vez divorciados? ¿Por qué seguían jugando a estrategias románticas varias con el caballero del que se habían divorciado amargamente un día de lejano olvido? La aparente incongruencia de comportamiento tenía una posible y sencilla explicación: no sabían terminar una relación; la muerte simbólica les daba pánico. Dicho de otra manera más llana: temían los finales y las rupturas absolutas, lo cual las llevaba a divorciarse en el papel pero no así en su corazón. Sólo las reinas saben que si el caballero ni siquiera es tu amigo cuando estás casado con él, ¿cómo vas a seguir relacionándote con él una vez ya divorciados, sin la excusa de los hijos habidos en el matrimonio? La respuesta: miedo a los finales, pánico a los cierres, no saber dejar atrás el pasado.

De todos los expertos en la psique es sabido que la transición de una relación pareja-matrimonio a una de amigos no se hace un plis plás sin más.

No.

Dicho proceso lleva su tiempo. Eso contando con que no haya habido resquemores antes, durante y después, lo cual es ciertamente improbable. Dejémonos pues de excusas, cerremos la empresa y salvemos de ella solamente el aprendizaje de la experiencia. Si en el futuro, desde otro posicionamiento y realidad interna, ambos se vuelven a encontrar, ya se verá si son capaces de crear una nueva relación de amistad o lo que sea. Pero, por el momento, un divorcio es un adiós literal, o debería serlo.

Nuestra reina era sabia, práctica y valiente. ¡Pero ella también temía los finales! Sin embargo, aquel miedo no le impedía usar el coraje de su alma y ser consecuente: si se divorciaba del caballero era porque la relación con él era inexistente e insostenible. Por consiguiente, no quería volverle a ver nunca más después del divorcio. Para eso se divorciaba de él: ¡para perderle de vista de una vez por todas!

Damas del mundo, ajustaos la corona y sed consecuentes con vuestras decisiones. No colaboréis a que sigan habiendo caballeros de armadura demasiado oxidada. Sed reinas y dejadles ir, hacedles ir si es necesario, esto es, cortad todo vínculo con ellos, tened una relación meramente cordial y educada en caso de que tengáis hijos en común y, si no los hay, simplemente, decid adiós con gracias incluidas por las vivencias y las oportunidades de aprendizaje que os ha aportado esa persona. Por lo demás, es muy saludable a la corta y a la larga ser congruentes con un divorcio: hay que divorciarse a todos los niveles y darse la oportunidad de seguir el propio camino. Cuando las damas no se desvinculan de un caballero no propician el aprendizaje de la lección.

¿Por qué?

Posiblemente, porque con la no-desvinculación él puede llegar a la conclusión de «no debo haberlo hecho tan mal cuando ella aún sigue viéndose conmigo y aceptando regalos después del divorcio...». Y tiene razón al no entender ni acertar a averiguar cómo contribuyó —ella, a su vez, tampoco hará su propia introspección— a la muerte de la relación. Se crea una paradoja: su ex esposa sigue relacionándose con él a pesar de haberse divorciado. Por consiguiente, no tiene nada que ver con él. No, será más bien que ella no sabía lo que quería y se encaprichó con divorciarse o variar, como quien cambia de coche. ¿O no?

Pero hay más. Y aquí es donde yo quería llegar: la siguiente dama que con él se relacione después del divorcio se encontrará con que él está «enganchado» a su ex de una manera muy disimulada. No saber terminar una relación, cerrarla y sanear el corazón emocional, se disfraza de pretendida «relación cordial», en la que ambos juegan a interpretar el papel de maduros, civilizados y amigos después de haberse divorciado. ¡Pamplinas! Lo que sucede es que no se atreven a certificar la defunción de la relación, pretendiendo con ello evitar tener que enfrentarse al período de duelo que sigue a toda muerte, así como a la incertidumbre de lo nuevo, lo desconocido, el porvenir. En el caso de las damas, ésas que siguen enganchadas a sus ex, al siguiente caballero aspirante a compañero sentimental le conminarán a entrar en el «club de fans pegados a su dama». Por lo que, si se trata de un rey, posiblemente las mirará con sorpresa y les preguntará: «Entonces, ¿por qué te divorciaste de él? ¿No será que no sabes superar etapas vitales?». O: «¿Me he perdido algo, querida?»

Por regla general, cuando uno no sabe cerrar relaciones acaba por arrastrar un club de personas que le convienen más o menos según la ocasión, lo cual disimula una ignorancia emocional, una incapacidad para «hacer limpieza de armarios». Todo este cortejo postfúnebre tiene una cla- ra misión o intención positiva, muy comprensible, que ya hemos apuntado anteriormente: pretendemos disimular delante de nosotros mismos el terrible miedo que tenemos a la soledad, a alargar la mano y no hallar a nadie que nos despiste de nosotros mismos, del dolor que genera haberse perdido.

O reina o damisela fomentadora, consentidora, animadora e inspiradora de armaduras oxidadas.

¡Tú eliges!

Recuerda: una reina siempre es valiente para hacer limpieza de armarios y hacer sitio a otras «sorpresas» mucho mejores que le tiene reservadas el destino. Porque una reina ha ido en busca de su yo olvidado y proscrito. Una reina ha recuperado la conexión con su alma. Una reina no reniega jamás de la mujer salvaje que habita en su interior ni envía al exilio sus dones, talentos, valor, coraje, dignidad, compasión... Una reina coge al miedo por los *kinders* y se lo lleva al bosque para juntos hallar un camino por el que proseguir la motivadora experiencia vital que supone estar viva y sentir el amor correr por sus venas cada día, cada noche, cada segundo de esta vida humana, hermosa, retadora, sorprendente, emocionante...

El rango de reina se gana latido a latido, recuérdalo.

4

Estando así las cosas, la reina decidió seguir sola su camino, sin hijos ni legado emocional alguno que le recordase en los años venideros su paso por el castillo del caballero de la armadura demasiado oxidada. Quería partir sola, sin que ni por nada ni por nadie tuviese que verse obligada a ser visitada o desahuciada por el caballero de armadura demasiado oxidada. Pues ya se sabe que, cuando hay hijos de por medio, muchos caballeros y muchas damiselas, en su confusión emocional o en su intención positiva de desmelenarse la rabia y sacudirse el desamor de las entrañas, optan por usar a los niños como si fuesen proyectiles con los que pasar factura al otro del fracaso matrimonial, creyendo, en su ignorancia, que los hijos son insensibles a los golpetazos que sus progenitores se propinan uno al otro en nombre del divorcio. Y es que cuando dos se divorcian confunden la pareja con la familia, lo meten todo en el mismo saco, no reprimiendo en absoluto el más que generoso recíproco obsequio de agravios e insultos. Y, mientras tanto, los hijos en medio de todo este fregado, siendo blanco perfecto del fuego cruzado del despropósito iracundo de dos seres que no pueden evitar culpabilizarse para acallar el dolor de su alma.

Normalmente, al menos uno de los dos suele optar por poner verde al ex cónyuge cuando se reúne con los hijos habidos en la relación. Al que adopta esta conducta parece importarle tres soberanos pimientos si con esto daña la psique, la autoestima de sus hijos o les implanta semillas de terror al matrimonio que, años más tarde, les despertarán en medio de la noche, no dejándoles conciliar el sueño de la serenidad y la paz interiores, y les negará la posibilidad de una relación basada en el compromiso auténtico del corazón.

El abogado que la reina contrató para que la ayudase a separarse legalmente del caballero de la armadura demasiado oxidada opinaba que no había nada peor que un marido dejado. «Los hombres no soportan que sea la mujer la que decida certificar la defunción de un matrimonio que no iba a ninguna parte...», solía decir. Y, muy a pesar de la reina, tenía razón. No hubo más que esperar al reparto de bienes materiales: se montó el belén.

¿Quién lo montó?

El caballero de la armadura demasiado oxidada, por supuesto.

Y esto no va en defensa de las damiselas, ni es un ataque a los caballeros. Simplemente, se trata de una realidad que se da tanto de un lado como de otro. Porque, al parecer, con demasiada frecuencia, él o la abandonada se erige en pie de guerra y decide que la otra parte «se las pagará y se acordará de lo que le ha hecho». Eso mismo le dijo el caballero de la armadura demasiado oxidada a la reina cuando ésta se enfrentó a él por el reparto de las posesiones existentes en el castillo. Él la amenazó con un «te arrepentirás de lo que me has hecho» y le sacudió la corona para que se diese cuenta de que iba en serio con su advertencia teñida de amenaza caballeresca. Y, válgame Dios, que trató de hacer realidad su promesa de dejarla sin nada, con una mano delante y otra detrás. Hizo todo lo posible por despojarla de todo lo suyo, por lo que recurrió a todas las tretas habidas y por haber a su alcance: mintió, tergiversó, escondió facturas y documentos. ¡Hasta buscó falsos testigos!

Pero no le critiquemos. Hizo lo que cualquier caballero —de armadura demasiado oxidada, claro— suele hacer en su situación, a saber: tratar de ventilar su rabia podrida de miedo y de rencor al darse cuenta de que hizo el tonto y perdió a la reina de su vida.

«Bueno, pues podría hacer otra cosa más productiva como pedir perdón, enmendarse y rectificar», a buen seguro pensarás.

¡Pues no!

Eso era pedirle demasiado.

Eso no entra en los conceptos vitales de un caballero de armadura demasiado oxidada. Una iluminación interior de ese calibre sólo es propia de hombres que tienen un corazón cálido y están abiertos a amar y ser amados. Desdichadamente, nuestro caballero de armadura demasiado oxidada no había alcanzado ese nivel de soltura emocional y de humildad de espada.

Por consiguiente, el Universo salió al paso y le echó una mano a la reina: ésta había guardado las facturas de muchas de las cosas que había adquirido cuando estaba soltera, pudiendo demostrar las falsedades que el caballero de armadura demasiado oxidada esgrimió con el fin de despojar a la reina de todo lo suyo. No le bastaba con haber vilipendiado su dignidad sino que, encima, le quiso arrebatar la calma interior y la cuenta bancaria. Pero su conspiración no prosperó, la reina estaba muy pero que muy divinamente protegida. Ella, a su vez, se rindió a la posibilidad de que lo suyo fuese un pago kármico, esto es, que ella estuviese en deuda con él, que le debiese algo a cuenta de otra vida en común.

«¿Es eso posible?», pensarás.

Por serlo, lo es. Hindúes, tibetanos y otros seres humanos (por ejemplo C.G. Jung, que acuñó el término del «inconsciente colectivo») creen en las múltiples y diversas existencias humanas de una misma alma. Siendo el karma el pago de deudas y el cobro de premios en función de lo que hicimos y no hicimos a otros en nuestras vidas anteriores. Al parecer tenemos que equilibrar la balanza de pagos y cobros.

Así pues, merced a la rendición se obró el milagro. En cuanto ella, la reina, se rindió a la posibilidad de la existencia de una deuda kármica, ofreciendo su corona al Universo, su todavía marido legal, el caballero de armadura demasiado oxidada, decidió firmar el divorcio y dejarla en libertad para siempre jamás.

Todo un milagro.

La reina, a partir de entonces, decidió aconsejar a otros a deponer su orgullo y aceptar que, tal vez, sólo tal vez, hubiese una deuda de otras vidas que condonar, un agravio que reparar, un beso que devolver, un amor que alimentar.

La actitud frente a las adversidades de la vida es algo que decide uno mismo, y la reina decidió no guardar rencor alguno al caballero de la armadura demasiado oxidada. No importaba que él tratase de crearle problemas, segarle la hierba debajo de los pies y criticarla acusándola de asesina matrimonial por haberle plantificado el adiós. Según él, ella era la que había matado el amor que él sentía por ella y, de paso, se había cargado la pareja. Ella y sólo ella era la culpable de que ahora estuviesen divorciados. Esto no se lo creía ni él, pero lo argumentaba tan bien que toda su familia cerró filas a su alrededor y lanzó dardos envenenados contra la reina.

Lástima.

Más que eso.

Uno recoge lo que siembra, y el caballero de armadura demasiado oxidada no hacía sino sembrar odio y maldades en el desconcierto de sus relaciones amorosas, creyendo que con ello eran los demás los perjudicados. Pero la triste realidad es que uno y sólo uno es el perjudicado de sus propios desaguisados vitales.

Esta realidad sólo se alcanza cuando uno se ha puesto la corona y se ha sentado en el trono de su vida (desde aquí existe una perspectiva muy diferente, amplia, neutral, disociada, elevada y sabia).

¿Seguro?

Seguro.

Palabra de reina.

Una reina sabe domeñar su orgullo tontorrón (ese que, de dejarlo salir a pasear, sólo le creará problemas). Una reina sabe que las personas tienen misiones, razones para estar en nuestras vidas y, una vez concluidas, se van. Unos se irán sin un adiós. Otros se largarán dando un portazo. Otros, en cambio, nos obsequiarán con flores en la despedida o celebrarán con champán haberse encontrado con nosotros. Unos nos verán, esto es, se darán cuenta de quiénes somos más allá de la identidad personal. En cambio, otros jamás atisbarán ni un tímido rayo de luz de nuestra alma.

Y todo este macramé se repite incesantemente a lo largo de muchas y variadas vidas. Por consiguiente, recuerda que existen muchas vidas, muchos maestros, muchos alumnos y muchas posibilidades a nuestro alcance.

Mejor perdonar, soltar lastre e irse a nadar al océano existencial con las alas abiertas a la posibilidad de la magia, y en plena libertad, ésa que genera la ausencia de rencores.

La reina se fue de la vida del caballero de armadura oxidada con un beso, deseándole que fuese capaz tanto de hallar la felicidad como de recuperar al bello ser que moraba dentro de él.

Siempre amaría su ser interior. Pero ahora había llegado el momento de seguir en busca de su alma gemela. ¡Y no quería llegar tarde a la cita!

5

LA LIBERACIÓN DE LA REINA

La reina ya no volvió a ser la misma.

¡Ni falta que le hacía ser la del pasado!

Decidió aprender de toda esa experiencia vital y no casarse nunca más con caballeros de armadura demasiado oxidada o un pelín oxidada.

Tampoco quería más suegras celosas.

La madre de su marido, Sir Ramplón de Librogrande, el caballero de la armadura tristemente oxidada, sentía celos de la reina porque ésta había logrado tener éxito profesional y triunfar en la vida, hecho que ella, como suegra y mujer, no podía soportar. Sencillamente porque no se había atrevido a resolver su propia historia vital, aquella de aguantar a un marido insufrible para su corazón y dignidad de mujer. No obstante, ella se obligó a sufrir en silencio porque, según su propia creencia, las mujeres de su época no se separaban.

Pero, ¿en qué época vivía esa señora?

En la edad media no.

¿Entonces...?

Entonces ella se escudó detrás de una creencia de fabricación propia que le vino como anillo al dedo para disimular su miedo a enfrentarse con el *statu quo* reinante en su propia familia: erigirse en pie de guerra y actuar según la verdad de su corazón. Ella, la suegra, era de signo Leo, y eso que dicen que las personas de dicho signo son valientes... Pues aquí tenemos la prueba de que todas las generalizaciones son falsas, lo mismo que todas son ciertas. Resumiendo, la valentía no es patrimonio de ningún signo zodiacal, ni te lo da éste ni lo proporciona el traje físico (esto es, el ser hombre o mujer), sino el estado interior de realeza.

Volvamos a la reina.

La reina no quería más maridos que propinasen patadas a su castillo, ya fuese en forma de insultos a su familia de origen, culpabilizarla de su enfermedad, utilizarla como diana de sus frustraciones o celos, tenerla de enfermera a tiempo completo, usarla como cocinera, anfitriona o traductora sin sueldo ni agradecimiento, pasearla cual trofeo de guerra, no apoyarla en momentos profesionales duros, tratar de ningunear su sensibilidad y su inteligencia pretendiendo hacerla pasar por tonta por no tener suficientes títulos académicos, o por pasear su magia de hada por las reuniones de caba-lleros de armadura oxidada hasta las tuercas sin ningún tipo de rubor, vergüenza o sentimiento de inferioridad. Ya os he contado que la reina era muy suya; por tanto, pasaba de las órdenes —aunque sería mejor decir que «se las pasaba por el arco de triunfo y hacía lo que le salía de la varita mágica»— del caballero, aunque esto supusiese broncas monumentales y silencios desoladores de varios días o semanas de duración. En cierta ocasión, la reina se empeñó en ponerse un abrigo de piel para ir a un concierto, y es que fuera, en la calle, se estaba a 10° C bajo cero. El *pifostio* que el caballero le montó fue épico, te lo juro. Y todo porque, según dijo, el hecho de que ella se pusiese ese abrigo atentaba contra él, ya que le dejaría en ridículo delante de otro caballero de armadura (no sabemos si tan oxidada como la suya, aunque esto no nos importa pues no viene al caso) porque éste era —¡agárrate!— *marxista*.

46

¡Y claro! El hecho de que ella se enfundase un abrigo de piel equivalía a ir de capitalista por la vida (lo cual era verdad, tanto en su caso como en el de la reina). Pero esto, según él, era un insulto para su colega de armas y armadura caballeresca. A sir Ramplón de Librogrande le preocupaba más lo que pudiera pensar un colega de armadura que su mujer pasase frío. Para él ella era un «objeto» a usar para conseguir fines político-domésticos, y si el carácter altivo de la reina le creaba problemas con sus socios del club de caballeros de armaduras oxidadas... ¡él no lo iba a permitir por nada del mundo! Por tanto, se afanaba en someterla a un acoso psicológico en toda regla con el firme propósito de rebajarle los humos hasta el nivel del inframundo.

¡Vaya con el *mobbing* matrimonial! Y eso que ella no sabía que se llamase así ni que existiese semejante misil capaz de marearle la corona a una reina.

¡Menudo elemento estaba hecho el caballero de la armadura oxidada de tristeza hasta las tuercas y retuercas!

Volvamos a la reina.

La reina recordó que, muchos años antes, el Universo ya había puesto en su camino a otro caballero de armadura también oxidada que la acusó, como su marido, de haber destruido su idea del amor. Y es que nuestra reina se había cruzado con muchos caballeros de armadura oxidada hasta la médula que, al no poder someterla, trataron de derribar su dignidad a base de pegarle patadas a su corazón, que era inmenso y capaz de un amor sin límites. Ellos sacaron ventaja de esa capacidad de amor para insultarla y tratar de culpabilizarla: ya que no podían tenerla, al menos su estima femenina quedaría hecha un estropajo estropajoso. Y como todos los que amaba poseían el privilegio de ser admitidos en el castillo, obviamente, sus opiniones contaban. Y fueron tantos los que se lo dijeron, y tanto se lo repitieron, que la reina acabó por creer que era poco femenina, y que además tenía problemas con el compromiso y con eso de tener hijos.

Demasiados caballeros de armadura excesivamente oxidada.

Demasiados insultos a su corazón de reina.

Demasiados rencores a los que ella abrió la puerta y permitió entrada.

Demasiadas creencias ajenas que guardó en su castillo emocional.

Su libertad fue vilipendiada y atacada.

Ellos no soportaban que fuese libre e independiente. La querían sometida, rotas las alas y domesticada.

Curioso.

Y digo curioso porque lo que al principio les atraía de ella era lo que acababa por sacarles de quicio una vez habían conquistado su corazón de reina.

¡Oh! He de aclararlo: conquistaban su corazón de mujer, pero su alma de reina no la conquistaron jamás, y eso les era absolutamente inaceptable.

¿Quizá no consideraron la posibilidad de que su fuerza fuese real y auténtica?

Posiblemente.

En caso contrario, ¿no conquistar su alma les hubiese sacado de quicio y enervado la espada en grado semejante?

No creo.

La reina era guapa y elegante, lo cual para muchos llevaba parejo la ausencia de una mente maravillosa, que pensase y razonase incluso mejor que la de un hombre cualquiera. Y es que a los caballeros de armadura demasiado oxidada —esto no les sucede a los auténticos caballeros, esos que no poseen armadura, sino corona y, por consiguiente, son reyes— les gusta pensar que las reinas bellas carecen de mente brillante, ya que para ellos se trata de dos capacidades mutuamente excluyentes. En su estulticia no aciertan a aceptar —la idea está absolutamente descartada, no entra en sus planes— que existan reinas de verdad cuya mente esté a la altura o sobrepase incluso su belleza física.

A nuestra reina le sucedió que se topó con muchos caballeros de armadura demasiado oxidada que trataron de someterla y convencerla de que estaba equivocada al no querer casarse en régimen de sometimiento, ni resignarse a una vida completamente gris y ausente de magia. Ella añoraba a un ser de esbeltas alas y elevada corona como la suya, pero tendrían que acontecer muchas relaciones, llover muchas experiencias y asumir muchas decepciones hasta que el destino la condujese hasta a su rey. Parecía como si el Universo se hubiese empeñado en hacerla aprender algo que, años más tarde, compartiría con otros en su misión de enseñarles a vivir y tener vidas más plenas de sentido y de amor verdadero.

La reina tuvo que enfrentarse no sólo a los dragones que le presentaron sus amantes, sino a los que le presentaron otras mujeres que le decían que no debía mostrar su fuerza ni su potencial ni su luz en toda su extensión, pues ella, y sólo ella, era la responsable de que todos los caballeros se asustasen y huyesen de su lado tarde o temprano. Ella, la reina, no entendía cómo otras mujeres podían decirle semejante sarta de tonterías. ¿Cómo era posible que tratasen de llenarle la corona con mensajes negativos que insultaban la inteligencia de cualquier reina? No acertaba a darse explicación alguna.

¿No?

No.

Así las cosas, se encontró más sola que la una.

Y en su soledad decidió que quizás era la época perfecta para dedicarse a la introspección de su propia psique e inconsciente y ver qué de bueno había allí, qué de provechoso podía rescatar de su olvido.

La reina descubrió por qué apabullaba a la gente en general. Su fuerza y su luz eran de tal intensidad que asustaban, no por el hecho de ser malas, sino por no ser habituales. La reina se reconcilió con su genialidad y pasó a usar sus talentos naturales en pro de los demás y, de paso, a su favor.

Pero, en el amor, nada volvió a ser igual.

Nada.

¿Nada?

Nada.

Se volvió a enamorar, eso sí, pero fue para constatar una y otra vez que el club de caballeros de armadura demasiado oxidada, al que pertenecía su marido, debía tener tantísimos socios que apenas quedaba nadie que no siguiese sus preceptos caballerescos. Ella se preguntaba si habría alguno que fuese por libre y pasase olímpicamente de las normas de caballeros de corazón duro como el pedernal y mente obtusa como la ausencia silenciosa. Al parecer todos eran sapos que nunca se convertirían en príncipes.

¿Todos, todos?

¿Sólo sapos, y nada más que sapos?

¿Nada de reyes?

¿Nada de nada?

Así pues, ¿con su padre y su abuelo se acabó la generación de hombres-reyes?

¿De verdad?

¿Tendría que emigrar a otra galaxia como toda solución?

¡Pero si aún tendrían que pasar siglos para que ello fuese posible! Lo de ir a otra galaxia, digo.

Y ya que estamos de confidencias, tengo que contar que a la reina hubo quien le propuso, como solución a sus males, hacerse lesbiana.

«¡¿Lesbiana?!», gritarás asombrándote de la intensidad de tu propio grito.

Cierto. Así es, como lo lees.

Muchas damas a su alrededor, odiadoras de hombres —pues según ellas las habían vilipendiado y ninguneado el sentido—, la apremiaban a pasarse al bando de las nuevas mujeres, ésas que no necesitan de los hombres porque ellas son mejores que los hombres, y lo son en todos los sentidos.

¿Asombroso?

Puede.

Consecuencia de lo más lógica si tenemos en cuenta la confusión reinante y el desencanto emocional que en su caída arrastra la esperanza de una vida mejor y el coraje de contribuir a un futuro de diseño propio.

Pero la reina no quería ni oír hablar de hacerse lesbiana por desilusión, desmérito de los hombres o extravío de la líbido emocional. Ella no era una perdedora, y no es que pensase que las lesbianas lo eran, ni mucho menos. Con «perdedoras» se refería a las mujeres que optaban hacerse lesbianas o monjas como toda solución a sus problemas, desviando la atención de toda verdad liberadora. Las lesbianas de siempre son muy valientes, y lo son porque no sólo no huyen de nada si no que además se enfrentan a la sociedad para mostrar su verdad, esto es, no les importa estar fuera del armario y proclamar su elección. La reina era como ellas pero en versión heterosexual. Y alentada por su valentía y coraje no estaba dispuesta a tirar la toalla ni la corona. En su opinión, los hombres no eran mejores o peores por el hecho de ser hombres, lo mismo que las mujeres no eran unas santas por el hecho de serlo. No. Eso era misoginia mezclada con racismo, sexismo, clasismo y todos los «ismos» del mundo, aderezada, por si fuera poco, de tontismo.

Ella no pertenecía al club de los fanáticos resentidos de la Tierra, ni tenía intención alguna de hacerlo.

Cada vez que alguna mujer ponía verde a un hombre y le menospreciaba negándole determinada capacidad supuestamente femenina, la reina salía en defensa de los hombres en general y del ser humano en particular. Opinaba que el alma no sólo no tiene sexo sino que aúna el principio o esencia femenina —*anima*— con el principio masculino —*animus*—. Por consiguiente, en su opinión, la supresión automática y drástica de ciertas capacidades o habilidades emocionales tales como la ternura, la compasión, la intuición, el coraje de enfrentarse a la verdad... y toda una serie de habilidades, capacidades o dones por el mero hecho de ser hombre era una barbaridad. Como lo era negar a las mujeres ciertas capacidades o atribuirles ciertas conductas (generalmente calificadas como inferiores) por enfundar traje del sexo femenino.

Si se me permite, diré que, para la reina, en vez de opiniones con fundamento, todo esto eran tonterías varias producto de mentes despistadas y aleladas, por no decir otra cosa.

Según la reina, las mujeres que así pensaban, al esgrimir argumentos confeccionados y estructurados con ideologías sexistas y racistas, caían en el mismo error misógino y machista que aquéllos a los cuales pretendían combatir. Para más inri, circulaban creencias basadas en argumentos científicos tales como que el cerebro de las mujeres es más pequeño y tiene menos neuronas que el de los hombres. Creencias que no hacían sino mantener y agrandar el abismo de incomunicación existente entre hombres y mujeres a base de emponzoñar sus mentes y sus psiques con cortinas de humo caduco y cegador de la sensata y pragmática razón. Por consiguiente, o ambos bandos aceptan que las capacidades no vienen incluidas o excluidas con el traje físico, que no son patrimonio de hombres o de mujeres sino de seres humanos cuya alma vive una experiencia humana, o esto acabará en un despropósito de soledad afectiva, camino al que parecemos estar abocados sin remisión.

¿De verdad no hay salvación?

Los optimistas pensamos que sí.

Y, optimista era, asimismo, la reina.

—¿De verdad sólo existen caballeros de armadura demasiado oxidada? —se preguntaba a sí misma a menudo.

—No. Los hay que van por libre, ya te los encontrarás —solía repetirle una voz interior.

—Pero voy camino de estar harta, pues no le hallo —solía replicarse a sí misma.

La misma voz la conminaba a seguir su camino en solitario, por el momento, con el propósito de darse la oportunidad de aprender a regir su propio destino sin príncipe ni rey alguno. Pero, no un rey cualquiera, sino uno de auténtica corona, uno para el cual la reina aún no estaba preparada cuando se había casado con el caballero de la armadura demasiado oxidada.

«¿Que no estaba preparada?», te oigo protestar, lector o lectora.

Pues, no. No lo estaba. A la edad en la que la reina desposó con Sir Ramplón de Librogrande, aún no había desplegado las alas en todo su esplendor ni mostrado al mundo la belleza de su alma. A esa edad aún tenía muchos pájaros en la cabeza, que es lo mismo que decir que daba más importancia a las creencias sociales que a las necesidades de su alma y a los impulsos de su psique, por lo que trataba de ajustarse al patrón social reinante. Si a esa edad la reina se hubiese permitido ser ella, ni se hubiese casado con el caballero de la armadura oxidada, ni hubiese hecho otras tantas *tonterías*.

¿Tonterías?

Aparentemente.

Porque la verdad sólo la conoce el alma, por ser ahí donde reside el plan de navegación, o lo que es lo mismo, nuestro destino humano para cada ocasión. ¿Y quién nos dice que la reina no necesitaba de esta experiencia para poder aprender ciertas cosas, como por ejemplo, ser la mujer tan espléndida y única que era?

A veces, uno se casa, en su primer matrimonio, con las lecciones incompletas de su inconsciente.

«...»

«...»

«...»

¡Ahí queda eso para la reflexión!

6

PESADILLAS NOCTURNAS

A la reina no le fue fácil conciliar el sueño durante mucho tiempo. Se sentía sola, muy sola. Lloraba la ausencia del caballero de la armadura demasiado oxidada. Y, por si fuera poco, además se sentía mal por echarle de menos.

«¡Vaya contradicción!», a buen seguro pensaréis, queridos lectores.

Pues no.

Nada de contradicciones.

Esto es de lo más normal, y suele suceder durante el período de duelo, o sea, el primer año de separación. La confusión emocional ocasionada por la separación, unida a la vivencia traumática de la pérdida —aunque uno haya tomado la decisión consensuada, lógica y sensata consigo mismo— son compañeras habituales de todo aquel que se halla en período de reencuentro consigo mismo y reuniendo los pedazos dispersos de su estima, corazón y psique. No en vano una separación es como un terremoto: terrorífica al principio, devastadora y asoladora durante, y desértica y caótica después.

«Buf, no será para tanto», pensarás.

Pues sí, lo es.

Sólo los que se atreven a mirar de frente al dragón confiesan la verdad, y es que una separación no es un evento agradable en nuestra vida. No lo es al principio, aunque bien puede acabar siéndolo si uno se enfrenta con la oportunidad de reorganización vital que supone una separación. Los que se entretienen de esa pérdida con diversidad de relaciones acaban por aglutinar más desastres vitales a la larga, pero eso es otra historia.

Volvamos a la reina y sus pesares postseparacionales.

La reina pensaba de sí misma que, a lo mejor, era estúpida o le faltaba el sentido común, pues si le había dejado, ¿por qué le lloraba? No sabía la respuesta correcta, si es que había alguna. No obstante, llorar su ausencia, así como la pérdida de sus besos y el silencio de su alma, se convirtió en algo cotidiano.

Lo que le sucedía a la reina era algo muy normal, ya nos hemos referido a ello con anterioridad: estaba en pleno proceso de duelo. Al fin y al cabo, la ruptura de una relación, por muy reina que seas, es una muerte, y a toda muerte le sigue un proceso de duelo más o menos largo e intenso dependiendo del tipo de muerte de que se trate.

La reina se despertaba llorando muchas noches... de vacío existencial. Ya no sabía por qué lloraba y se sentía rota, como si le hubiesen arrancado parte de sí misma. La herida de su alma era intensa, profunda y dolorosa. Y, por si fuera poco, a su alrededor la gente la trataba con lástima y le daba el pésame —sí el pésame, como lo lees—, pues para sus amigos y conocidos era una tragedia el hecho de que la reina se hubiese divorciado del caballero de la armadura demasiado oxidada.

Por ello la obsequiaron con perlas tales como:

- No deberías haberle dejado después de tantos esfuerzos y de tanto apoyo como le diste, ahora que ha logrado sus objetivos profesionales. Vendrá otra y se llevará tus esfuerzos. Deberías haberte quedado para recoger los frutos de tu empeño...
- Ahora, ¿qué vas a hacer? ¿Has pensado que toda la gente de tu edad está ya emparejada? No vas a poder ligar de nuevo, los de nuestra edad ya tienen todos pareja...
- Y, ¿no echas de menos los niños? Si al menos hubieses tenido uno, ahora no te sería tan dolorosa la soledad y la ausencia de él, pues tendrías algo suyo...
- No sé para qué te has separado si quieres volverte a enamorar... Para buscar a otro más te valdría haberte quedado con el marido ya conocido...
- Uno no cuenta que se ha separado: eso es una desgracia, un fracaso vital en toda regla.
- Tendrás que plantearte reorganizar tu vida, volver a vivir...
- La sociedad no está organizada para mujeres solteras. ¿Adónde vas a ir ahora sin pareja? Te sentirás fuera de lugar.
- Es triste estar sola, así sin nadie, y además ahora tendrás que hacer frente tú sola a todos los gastos...

La reina se sentía como si se hubiese muerto y no supiese ni dónde estaba el cementerio para instalarse en su tumba y descansar en paz de una vez por todas. Se sentía aislada, sola, incomprendida... Rota el alma, sólo acertaba a llorar su despropósito vital. Al principio, a duras penas conseguía recordar que se separó porque la vida en el castillo, al lado del caballero de la armadura demasiado oxidada, era sencillamente insoportable.

Insufrible.

Imposible.

Odiosa.

Amarga.

Asquerosa.

Maloliente metafóricamente hablando.

¡Bufffff!

Esa amargura se le había colado por entre las alas y amenazaba con dejarla sin aliento. Ella, que siempre había sido un cascabel, ahora era puro llanto sin consuelo. Estuvo tentada de refugiarse en una de las muchas tácticas de despiste o mecanismos de defensa habituales de los que suele utilizar la gente cuando se separa. Pero no sucumbió.

No.

El dolor no pudo con ella.

No.

Ella pudo con el dolor.

Sí.

A su alrededor, muchas mujeres y muchos hombres se lanzaban de lleno a la piscina del despiste, tratando de conjurar el dolor insoportable de la muerte simbólica, consiguiendo con ello, tan sólo, posponer el momento de enfrentar al dragón interior del miedo a vivir. Sí, cierto, todos ellos tenían miedo a vivir, a sentir el aire fresco de la mañana, la vitalidad del corazón que se despierta recuperado y renovado después de su contratiempo vital.

Y así fue como la reina, un buen día, despertó de la pesadilla.

Las heridas habían cicatrizado. Aquel día se levantó más fuerte y poderosa que nunca. El dolor había cesado y, en su lugar, había una fuerza serena, una complacencia y un creer en sí misma como nunca jamás lo había habido.

Rescató su dignidad y se recordó a sí misma que ninguna mujer vale menos por estar soltera ni por haber decidido divorciarse de un mendigo emocional.

Ninguna mujer, ni reina ni plebeya, debería bajo ningún concepto aguantar a ningún caballero de armadura demasiado oxidada, por más desesperada que estuviese o por más hijos que alimentar debiese.

Las pesadillas no traen sino amaneceres negros de sí mismos.

Y eso no es bueno para la corona.

Ninguna creencia o amenaza social se merece la pérdida de la dignidad.

No hay que aguantar: eso queda para las mujeres de secuestrada neurona de otra época, mujeres a las que les negaron el hecho de ser personas, así como la oportunidad de tener un trabajo con el que pagarse sus facturas. Mujeres que abdicaron de su corona y vistieron el yugo de la inferioridad y la discriminación.

Aunque también ha habido en toda la historia de la humanidad mujeres valientes que han sacado a sus hijos, familias, negocios, proyectos, creaciones y vidas adelante. Mujeres que se colocaron la corona y le propinaron una soberana patada a todas las tonterías sociales según las cuales era pecado ser madre soltera, vivir con un hombre sin estar casada, tener hijos después de los cuarenta, casarse con un hombre más joven o de cartera menos acaudalada. Mujeres reinas que siempre supieron que eran válidas por encima y más allá de sus comportamientos poco o nada políticamente correctos.

Mujeres reinas.

Reinas mujeres.

Almas sabias en busca de almas sabias.

7

EL ARTE DE DAR CALABAZAS A UN CABALLERO
DE ARMADURA DEMASIADO OXIDADA

Si todo se hubiese resuelto con divorciarse del marido-caballero de armadura demasiado oxidada, hubiese sido maravilloso... Fácil.

Pero no, no fue así.

Nunca es así.

Evidentemente, en la reina debía modificarse algún que otro aspecto, so pena de pasarse la vida sola o bien atraída irremisiblemente por caballeros como su ex marido.

¿Era esto posible?

Y tanto que lo era. Para muestra un botón de lo que le sucedió a la reina un tiempo después de su divorcio pleno de amargura, cuando ya andaba bastante recuperada del soplamoco existencial que supusieron tanto sus últimos años de casada como la separación y posterior negociación del divorcio.

¿Qué le sucedió?

Sencillamente, ¡se dio de bruces contra otra armadura!

¡Vaya, qué cosas les suceden a las reinas!

Vaya.

Ella creía estar a salvo de todo caballero de armadura demasiado oxidada.

Pues... No.

Lo creía, pero no fue así.

Sucedió que otro caballero de armadura casi tan oxidada como su ex se coló en el castillo. Pero esta vez fue por poco tiempo, porque la reina ya había aprendido la lección y supo detectarle antes de casarse con él. Esta vez anduvo al tanto buscando pistas que le diesen a conocer si tenía ante sí a otro caballero enfundado en armadura oxidada hasta las tuercas o no.

La primera norma de toda reina escaldada es: «Probarás el agua antes de sumergirte de cabeza en ella».

Y es que, el gato escaldado, con agua tibia tiene bastante.

Eso mismo le sucedía a nuestra reina.

Al principio, el caballero aparentó ser eso: un auténtico caballero. Pero no hay máscara que cien años aguante el vendaval que produce una corona agitada. Nuestra reina se había convertido en una experta en eso de agitar la corona para saber si el caballero llevaba o no armadura. El candidato al corazón de la reina creía que ella no se iba a dar cuenta de su disfraz de caballero libre. Pensaba que su ternura de tres al cuarto, sus halagos de baratillo y sus pretensiones de rey lograrían confundir a la reina. Olvidaba —o ignoraba, el caballerete de armadura oxidada— que esta reina se había escaldado con un matrimonio que se trocó pesadilla de túnel sin salida y ahora estaba resabiada.

La reina no quería volver a sentirse una piltrafa emocional nunca más en toda su vida, por lo que resolvió hacerle la prueba de la armadura. El caballero no pudo resistir la fuerza de la luz real y cayó.

Este caballero de papel *maché* pensó que si la adulaba con frases de promesas matrimoniales conseguiría nublarle el sentido y arrebatarle la corona de reina.

Pero, ¡se equivocó!

No contaba con que la reina era ahora sabia e independiente, había aprendido a amar su soledad, y a valorar su dignidad y serenidad de alma por encima de todo.

¡Eso es lo que la salvó de las garras de otra armadura demasiado oxidada!

De no haber sido así, hubiese terminado con la corona por los suelos y el castillo hecho un cisco...

¡De nuevo!

A la reina le importaba ya un soberano pepino seguir soltera, sin hijos y sin pareja. Lo único que de verdad le importaba era ser feliz, sentirse bien cada mañana al despertar y cada noche al tomar su baño de espuma. Ella quería ser capaz de sonreír a la vida con toda intensidad. Anhelaba amar y ser amada. Por consiguiente, emplearía el tiempo y el esfuerzo que hiciese falta con tal de lograr su objetivo. Ella quería amor de calidad, no un sucedáneo. No le importaba si el caballero era rico o no, si ostentaba cargo de poder o no. Lo que de verdad le importaba era la nobleza de su corazón, la honestidad de su alma, la bondad de sus abrazos, la sinceridad de su ser... Ella quería a un rey del corazón, a un ser auténtico de alma pura... Anhelaba un alma vieja, en definitiva, con la que compartir sabiduría, magia y luz. Alguien con quien tener un matrimonio del alma. Un alma gemela.

¡Nada más! ¡Y nada menos!

El caballero aspirante ideó mil y una estrategias para convencerla de que él era el rey que ella andaba buscando. Pero se demostró, con claridad diáfana, que sus intenciones eran las de pretender ser lo que no era. Por mejor actor que uno sea, el plumero se le acabará viendo, sobre todo si estamos atentos a los detalles que nos lleven a desenmascararle. Y la reina estaba ojo avizor, husmeando pistas y con la corona en posición de ataque.

¿Cómo detectó la oxidación de la armadura?

Muy sencillo: el caballero la acusó de sentirse mal porque ella no le llamaba. Alegó no poder comer ni dormir al no tener noticias de ella.

¡Ajá! La culpabilización.

«Te pillé», pensó la reina.

Ningún rey auténtico echaría las culpas de sus estados emocionales a una reina, ni jamás de los jamases se hubiese comportado así. Un rey de verdad le hubiese hablado de cómo la echaba de menos y de cómo se sentía ante su silencio. Pero, nunca, nunca, la hubiese culpabilizado.

Jamás.

Y aquélla fue la prueba contundente del sapo.

Es más, tengo que contarte que el pretendido caballero le montó a la reina un serio *pifostio*, a saber: llamó a sus amigas y les argumentó lo mala que era la reina, vamos, que la puso a caer de un risco, a caldo o como prefieras calificar el hecho de *vomitarle porquería emocional* a una reina. Y todo por haberle cerrado la puerta del castillo y haberle mandado a tomar viento fresco.

¡Qué fácil es, a la postre, desenmascarar a un falso caballero!

Las armaduras oxidadas... ¡chirrían de lo lindo! Son muy escandalosas. Por consiguiente, apaga la música, haz que cese el ruido y escucha. Escucha atentamente. Pega tu oído a su armadura y escucha. Siente las vibraciones que las tuercas oxidadas producen.

Y si están oxidadas, ¡lárgate! Ni se te ocurra echarle «tres en uno».

Lárgate a toda corona. Deja para él el uso del antioxidante.

He aquí el arte de dar calabazas, tal como lo describe el *Libro secreto de las hadas*:

- Si una reina o mujer cree que porque un hombre le proponga matrimonio ya es un rey de verdad... ¡Va lista! Propuesta de matrimonio no quiere decir sentimientos auténticos. Puede que el caballero quiera apropiarse de la fortuna de la reina o aprovecharse de su posición, o lo haga para tapar su propia soledad porque no puede estar sin reina o mujer. Y, claro, la primera que se pone a tiro... vale. No la escoge por ser ella, sino por ser la que se ha puesto a tiro, es decir, por su rango de disponibilidad o estado «taxi con luz verde».

- Si una reina o mujer cree que porque un hombre se muestre celoso de sus ex o de otros hombres es porque la quiere de verdad... ¡Va de culo y cuesta abajo! Nada más lejos de la realidad. Un celoso es un potencial generador de problemas más graves en el futuro: de los celos a la posesividad y de ésta a la exclusividad, y hasta puede que la historia degenere en malos tratos... Por consiguiente, ¡mejor evitar a un celoso, por si acaso!

- No te líes con nadie que tenga historias de amor por resolver.

- Pregúntale cómo lleva sus finanzas (sobre todo si se trata de alguien de más de treinta años y lleva varios años trabajando).

- Si le prestas tu coche y te lo devuelve con destrozos o daños varios, y no se hace cargo de las facturas del taller, significa que no sabe cuidar de tus cosas y, por lo tanto, tú le importas un pepino. Si no posees coche, observa cómo trata tus cosas en general, pues lo del coche es simplemente un ejemplo.

- Recuerda que edad cronológica no es directamente proporcional a madurez emocional, ya que ésta viene determinada por la evolución del alma. No te enredes en la confusión de las apariencias: tener muchos años cronológicos no significa necesariamente madurez.

- Estudios o títulos académicos no significan necesariamente madurez personal. Uno puede saber mucho de, por ejemplo, psicología, y haberse quedado en el puro nivel intelectual, es decir, conoce muy bien la teoría, pero no la tiene integrada: «La información es rumor hasta que no se integra en el músculo, que es cuando se convierte en conocimiento».

- Que quiera tener hijos con la reina no significa que la ame.

- Pregúntale sobre sus planes, sus sueños, sus ideales, sin hablarle de los tuyos. Y, si se los has contado, fíjate si los que él te cuenta son sospechosamente parecidos a los tuyos. Si es así, hazle preguntas filtro (se usan para detectar si lo que dice es auténtico o lo finge para seducirte y atraparte en sus redes).

- Que quiera conocer a tu familia no significa que te ame. A lo mejor tiene prisa por instalarse en tu castillo.

- Háblale acerca de tus relaciones anteriores y observa cómo reacciona, qué comentarios hace, etcétera.

- Pregúntale sobre sus ex. ¿Qué dice, cómo habla de ellas?

- Quien tiene problemas con el compromiso, lo tiene hasta que le dé la gana dejar de tenerlos. Grábate esta idea a fuego: tu NO le puedes cambiar ni salvar de sí mismo. Si te entran ganas irrefrenables de rescatarlo, lárgate a toda mecha en busca de un *coach* o terapeuta que te ayude a liberarte del impulso y, en su lugar, te enseñe a aplicarte en el rescate de ti misma (suele ser más productivo, sano y fomentador de la autoestima).

- Pregúntale por qué quiere una relación contigo. Insiste hasta que te quede claro. Olvídate de si él piensa que eres una pesadita o cualquier otra cosa. (Los antipiropos déjalos para el enemigo. ¡Sólo piropos y más piropos para solaz de tu propia estima!) Ocúpate siempre de ti y deja que cada uno se ocupe de sí mismo, que ya somos todos mayorcitos.

- Pregúntale sobre sus valores y creencias acerca de la familia.

- Interésate por conocer todas y cada una de las áreas de su vida.

- Si aún está «cosido» a las faldas de mamá, recuerda: ahí no hay sitio para ti, pues su «mamá» es su pareja virtual y, además, él no sabe hacer nada sin contar con la opinión y consentimiento de ella.

- Si está peleado con su madre, huye también de él. Si odia a su madre, ten por seguro que te salpicará dicho odio, esto es, te lo proyectará inconscientemente. Buscará un «ama de llaves» que cuide de él, pero jamás buscará a una igual, ya que aún tiene pendiente descubrir a su madre como persona y como mujer.

- Y, de su padre... ¿Qué opina de su padre? ¿Qué modelo de padre ha tenido? ¿Qué te cuenta de su padre, cómo habla de él?

- Y, de la generosidad, ¿qué hay? ¿Te trata como a una reina o no?

- ¿Habla bien de ti? ¿Qué opina? ¿Qué dice?

- Lo que cuenta o dice de ti a otros, cuando no estás en su presencia, ¿coincide con lo que te cuenta a ti?

- Que te diga que eres la mujer o reina de su vida no significa que te ame de verdad, ni tan siquiera que se lo crea; a lo mejor lo dice con la boca pequeña.

- ¿Tiene un mapa parecido o compatible de pareja, familia, relación, trabajo, ideales, valores, amor, etcétera, al tuyo?

- Congruencia: ¿Lo que hace coincide con lo que dice?

- Sentido del humor: ¿Qué tal anda?

- ¿Te valora? ¿Cómo sabes que lo sabes?

- ¿Tiene palabra? ¿Hace lo que dice que va a hacer?

- Si te dice «yo soy así, y no puedo hacer nada», RECUERDA, tú sí que puedes hacer algo: ¡Mandarlo a paseo con un billete que tiene la vuelta prohibida e imposible!

- Si te provoca celos, o lo pretende, con otras damiselas... ¡Envíalo a paseo! Ni te lo pienses. Nunca permitas que te insinúe que otras coquetean con él y que a él le gusta. Si lo que quiere es seguir coqueteando, déjale libre para que haga su vida, pero sin ti.

- Ponle las cosas muy claras desde el principio: si es un verdadero caballero, nunca se asustará. Y, si lo hace, allá él... Porque ya se sabe: al que huye, puente de plata.

- Si es capaz de enfrentar sus propios dragones... Si asume sus miedos y les planta cara porque piensa que tú mereces la pena, es un caballero de verdad. En caso contrario te echará en cara que eres «demasiado algo» —inteligente, intensa, poderosa, libre, independiente, emocional, puntillosa, analítica, proactiva, creativa, loca, etc.— para él. Y es cierto, créele, lo eres.

- Que no sepa verbalizar todos y cada uno de los sentimientos y emociones que sienta por ti, y que tu real corona le provoque no significa que no los tenga. Cada uno expresamos nuestros sentimientos a nuestra manera. Averigua la suya.

8

Ser reina: ¿Se hace o se nace?

Unas nacen reinas, mientras que otras aprender a serlo.

Si una se enamora constantemente de caballeros de armadura demasiado oxidada, haría bien en preguntarse cómo contribuye a la situación, que es lo mismo que preguntarse «qué pone y qué no de su parte». Se impone reflexionar acerca del «qué hace» (acto) como del «qué no hace» (omisión), que da siempre como resultado acabar manchada de óxido al haberse dejado abrazar por un caballero con armadura muy pero que muy oxidada.

Lo que diferencia a una reina de una damisela de diadema floja es esencialmente una cuestión de actitud: las reinas asumen la responsabilidad sobre su vida, destino, felicidad, errores, aciertos, debilidades, fortalezas, sombra y luz. En cambio, las damiselas niegan toda responsabilidad en el tema acusando y maldiciendo a los hombres de sus males y pesares románticos, por lo que responden siempre de la misma manera ante el mismo o parecido desafío. Las reinas, por el contrario, tratan de aprender de sus errores y varían el procedimiento hasta lograr obtener el resultado esperado.

Asimismo, las reinas son proactivas, es decir, no esperan pasivamente a que sea el caballero quien tome la iniciativa todo el tiempo. Ellas, las reinas, tienen boca, por lo que expresan lo que piensan, sienten, desean, quieren, esperan... Asimismo, ponen los límites especificando qué no quieren, cómo quieren ser tratadas, qué no les gusta, qué consideran innegociable y todo aquello que no están dispuestas a permitir en una relación o en su vida en general. Es más, para hacer esto no esperan que haya transcurrido un año de solaz relacional. Por consiguiente, suelen hacer una declaración de principios el primer día que conocen al aspirante a rey de su corona.

Por el contrario, las damiselas de diadema floja se callan tanto lo que saben de sí mismas como lo que no saben, y todo porque no quieren romper el romanticismo en la relación. Premisas del estilo (y otras tantas parecidas que son igual de falsas) «siempre habrá tiempo para hablar de ello», «si nos amamos todo saldrá bien» o «no he de atosigarle con preguntas de este tipo no sea que le asuste», sólo consiguen entontecer la diadema, haciendo que ésta se afloje más y más. Desdichadamente, este tipo de creencias devastadoras son las que suelen encontrarse en el bolso de toda damisela cuya diadema se ha aflojado hasta caerle a la altura de los ojos y cegado toda posibilidad de salvación de sí misma.

¡Vaya con las tonterías de diadema floja!

Vaya.

Diademas flojas y armaduras oxidadas suelen tener mucho en común. Por consiguiente, se atraen sobremanera.

¡Caramba!

Regresemos a la reina y a su firme propósito de enmendar la plana y ajustarse la corona de modo que ningún conjuro, por poderoso que fuese, lograría transformarla en diadema floja nunca más.

La reina estaba decidida a no enredarse nunca más en su vida con un caballero de armadura demasiado oxidada. No quería volver a pasar por el trance de desierto emocional de su matrimonio. No quería otro «París-Dakar» para volver a perderse en el desierto y morir de sed emocional.

No.

Nunca más.

Jamás.

No.

Esta vez quería para su corazón a un igual, a alguien como ella, pleno de coraje, compasión, sentido del humor, sentido del riesgo y de la aventura, independiente, libre, cariñoso, humano. Y que no sólo supiese amarla sino, sobre todo y ante todo, que estuviese dispuesto a hacerlo. Se había hartado de besar armaduras frías e inertes. Quería ser abrazada por unos brazos reales, tanto por su característica de regios como de veraces, auténticos... No quería ya más abrazos en los que el sentimiento era alimentado por la frialdad de la armadura y su óxido. Estaba asqueada de tener que usar disolvente para eliminar las manchas de óxido que dicho tipo de armaduras dejaba en sus reales ropajes.

Harta estaba de tanto frotar y frotar.

Las manchas de óxido se iban a terminar... Para siempre jamás.

«¡Parece un anuncio antimanchas!», pensarás.

Pues sí. Más nos valdría que la publicidad nos ayudase un poco en esto de eliminar manchas emocionales.

¡Caramba con la publicidad subliminal!

Pasemos pues al proceso de cómo se consigue evitar no sólo toparse una y otra vez con armaduras oxidadas sino, sobre todo y ante todo, cómo se logra mantener impoluto de manchas y abrazos de óxido la corona sin que ello implique la abstención de relaciones y amores placenteros. Porque, dado que la existencia de armaduras oxidadas parece ser inevitable, al menos vamos a elaborar una fórmula antimanchas de óxido de armadura de caballero en estado de congelación emocional.

El dragón de la muerte

El primer paso consistió en luchar contra el dragón de la soledad. Por cierto, era un dragón muy temido por la reina, pues creía que sin su marido, Sir Ramplón de Librogrande, no podría vivir. La soledad le tenía agarrado el corazón y amordazado el sentido. Llegó un momento en que fue peor seguir viviendo con él que enfrentarse a la soledad, pues lo que en verdad temía era hacer frente a la muerte de la relación. ¿La razón? Años atrás había sido demasiado doloroso para la reina la pérdida de una de las personas que más había amado —seguía amándole a pesar de la muerte y separación física—. En verdad nunca la asumió. No lo hizo hasta que se enfrentó con un divorcio. Entonces encaró al dragón de la muerte y asumió que la energía no muere sino que se transforma: toda pérdida, ruptura, separación o divorcio es una muerte. Y dado que la soledad es lo que sigue a la muerte, la reina no quería ni mirar de soslayo al dragón de la soledad, a ése que apareció en cuanto su marido se llevó su armadura oxidada hasta las tuercas a otro castillo.

El dragón de los planes hechos añicos

Habérselas con la frustración que produce el decir adiós a planes, sueños y posibles futuros no es tarea baladí. Aceptar que los planes se torcieron, que ya nada sería como soñábamos que iba a ser, dar nuestro brazo a torcer y asumir que el Universo sabe mejor que nosotros qué es lo que nos con-

viene, es aprender a ejercitar la fe. A la reina le costó asumir que ya nada sería igual, que toda su inversión se había ido por el desagüe... Tuvo que asumir que invirtió en un banco de falsas cuentas y que todo su esfuerzo fue baldío. Por ello logró salir de aquella relación como una persona mucho más sabia, sincera y madura.

El dragón de la libertad
«Y ahora, ¿qué hago con mi vida?»

La reina se quedó sin amigos. Se quedó más sola que la una y sin recursos emocionales, pues tenía el alma hecha añicos y no podía ni trabajar para ganarse la vida económicamente: tan mal se sentía. Ahora era libre para hacer lo que quisiera... Pero se sentía sin fuerzas. Sin embargo, no hay melancolía que cien años dure, y la reina recuperó su vida, descubriendo con su libertad recobrada que la sensación de estar viva era más fuerte y más intensa, y que ni por todas las armaduras del mundo merecía la pena perder la corona de nuevo. Ni perderla, ¡ni tambalearla!

El dragón del perdón
A todo esto, he de contarte que la reina perdonó a su marido. Le perdonó todas las mentiras, las ofensas, las mañanas de amargura, las noches de luna negra, los insultos a su corona, los desprecios a su alma... Se lo perdonó porque no quería convertirse en una bruja amargada, en una mujer cuyo corazón sólo fuese capaz de sentir odio y resentimiento hacia su ex. Ella quería volver a amar, quería volver a enamorarse y para ello tenía que limpiar su corazón de odios y rencores varios. Usó el amor que por él sentía para perdonarle todo... Es más, pensó que si todo había sucedido como consecuencia de una deuda kármica, ella decidía pagar la deuda y perdonarle para siempre.

Y, *con el perdón como bandera, se fue con la corona muy alta.*

El dragón de la sinceridad
La reina analizó por qué se había fijado en un caballero de armadura demasiado oxidada. ¿Por qué, y basándose en qué? Tuvo que sincerarse consigo misma, porque de lo contrario corría el riesgo de fijarse en otro caballero de armadura oxidada, y ella no quería eso.

Muchas mujeres se enamoran de su fantasía, de sus miedos, de sus ausencias, de sus angustias, de sus ansiedades... Bien porque les aprieta el famoso reloj biológico, la familia o la sociedad. El caso es que se casan con el primero que llama a la puerta del castillo. Y es que quedarse soltera está mal visto.

Averiguar las creencias que nos llevan a casarnos con caballeros de armadura demasiado oxidada es fundamental. Da un repaso a tu escala de valores y a tus creencias sobre la edad, la condición de ser mujer, la pareja, la familia, el amor, el compromiso, la intimidad... Hallarás cosas sorprendentes.

El dragón de la dignidad
Elevar la corona, estirarse en toda su real extensión y mostrárselo al mundo es la prueba definitiva que toda mujer ha de estar dispuesta a realizar si quiere llegar a reina de su vida, castillo y destino. Esto equivale a no fingir nunca más, ni avergonzarse, ni pedir perdón por ser bella, brillante, fuerte, valiente, alegre, divertida, inteligente, ocurrente, carismática, plena de recursos, independiente, espiritual, única, genuina, etcétera.

Siempre que otra mujer te diga que no has de mostrar lo fuerte, inteligente, brillante y decidida que eres, no le hagas caso, pues quien te arroje semejante «regalo» no es reina sino damisela y, como tal, aún anda escondida de sí misma. Nunca temas ser quien eres y mostrárselo al mundo.

El dragón del coraje

Sé valiente y sé tu misma. Diseña tus propias reglas: pregúntate qué quieres, qué harás para conseguirlo, qué estás dispuesta a realizar para lograrlo y cuáles son tus verdaderas creencias. Dedícate a practicar la «referencia interna», lo cual significa que vivas tu vida según tus ideas, convicciones, creencias, emociones, deseos, sueños y aspiraciones. Recuerda que sólo tienes una vida para vivir, y que tu vida es sólo tuya y de nadie más. Sólo tú has de escribir el guión de tu existencia.

Pégale una patada a ese libro de las falsas creencias que dice que la mujer ha de ser pasiva y no tomar nunca la iniciativa en las relaciones: «Ella espera a que él dé el primer paso, y el segundo, y el tercero... Es decir, él es el que está al mando de la relación y crea las pautas, mientras que a la mujer sólo le queda reaccionar a los comportamientos, órdenes, deseos, iniciativas y rumbo que él marca».

Si de verdad buscas y aspiras a sentar a un verdadero rey en el trono de tu vida, olvídate de ser pasiva y reactiva. Sal al mundo y muéstraselo. A buen seguro que habrá un hombre maravilloso buscando o anhelando en su alma a alguien tan fantástica como tú, y ese hombre será muy afortunado por tener el amor de un ser tan especial: una reina con toda su corona.

Puede que él nunca se haya planteado tener una relación con alguien como tú. Puede que no lo haya hecho porque, sencillamente, al no haber conocido nunca a nadie como tú no se pudo imaginar que existiese alguien así en carne y hueso, en el mundo mundial. Pero cuando te haya conocido no querrá pasar el resto de su vida sin ti. Su alma sí que sabía de ti, de tu existencia, y por ello te buscaba. Por eso salió a tu encuentro en un vuelo de luna creciente. Nunca te escondas de tu destino, pues si finges ser quien no eres, él pasará de largo porque pensará que eres una pasiva damisela ignorante de su propia valía y expectante de un caballero que la rescate de su olvido existencial y dé sentido a sus días. No te hagas eso. Nunca, ni por nada ni por nadie, traiciones tu integridad. Sé siempre tú misma y tu rey te hallará.

Recuerda: un rey te busca. Su alma vieja, su corazón de rey anhela tu esencia, e inconscientemente te sigue el rastro... No te cubras de una máscara que disimule tu auténtica naturaleza, pues él pasará de largo y puede que le llores el resto de tu vida. Hazte el regalo del amor auténtico e incondicional: alguien que te ame por quien eres de verdad (nunca finjas ser quien no eres, a buen seguro que tú no querrías enamorarte de una falsedad).

El dragón del rey
Y, por fin, llegó el último dragón: cuando le conoces a él, el rey.

Agárrate la corona y que no se te caiga con la emoción.

El rey te empujará a las mazmorras que aún te quedan por visitar, haciéndote mirar de frente los blindajes que hay en ellas. Sólo un verdadero rey te conminará a hacer esto, pues sabe en su psique que las reinas auténticas son valerosas. Las otras, las que se quedan en damiselas que aspiran a ser reinas, ni se atreven ni han visto el coraje en su vida.

Amar a un rey no es cualquier cosa: no finge, no miente, no espera, no manipula, no engaña, no tergiversa, no te dice lo que quieres oír sino lo que piensa o siente; va a su aire pero cuenta contigo, te hace preguntas directas pues quiere saber si la relación tiene posibilidades... Igual deberías hacer tú.

¿Final feliz?

Haberlos, haylos.

Siempre los hay.

La reina halló a su rey.

Tuvo que mirar de frente a muchos dragones, pero mereció la pena. Lo hizo por ella, no por el rey, porque se amaba a sí misma lo suficiente como para enfrentarse a muchos y variados dragones desconocidos. Asimismo, se decidió a comprometerse y mirar de frente a su destino: ella se merecía alguien como el rey. Como estaba convencida de merecer lo mejor, agarró a los dragones y se los llevó a merendar al lago de la verdad y del coraje.

Y la reina, que tras su divorcio se había confesado fóbica al compromiso durante años, abrió las alas y se enamoró de un rey «cuyos ojos podrían estar en el rostro de una mujer» (tal como le había pronosticado una pitonisa del reino). Unos ojos que mostraban la energía de la ternura, la bondad, la sinceridad, la honestidad de un principio femenino bien desarrollado y en perfecta armonía con el principio masculino. Un ángel cuyas alas cobijaron el amoroso corazón de la reina.

Recuerda: sólo siendo tú, auténticamente tú, y mostrándoselo al mundo, podrás atraer a tu rey.

Si quieres un rey, has de ser una reina con la corona bien puesta y plantar cara a los dragones que haga falta. Nunca hagas caso de esos miedicas que te dicen que las reglas del cortejo afirman que las mujeres nunca toman la iniciativa ni exhiben de buenas a primeras toda su luz y su fuerza para no asustar al caballero. En su lugar, actúan en función de lo que el caballero hace y no hace, procurando adaptarse a sus deseos para ver si así le cazan. ¡Manda a paseo todas esas falsas reglas de ese cortejo trasnochado! Pégale una patada a la palabrería barata que ha complicado la vida a tantas mujeres y a tantos hombres (no lo olvidemos) y pásate al club de las reinas que aprendieron a dar calabazas a los caballeros de armadura demasiado oxidada.

9

EL REY QUE ASUMIÓ LA RESPONSABILIDAD
DE LAS CALABAZAS QUE LE DIO LA REINA

¿Es posible que un caballero de armadura demasiado oxidada asuma las calabazas?

¿Cabe la posibilidad de que un caballero decida asumir sus dudas y enfrentarlas?

Por ser posible, es posible.

Las reinas buscamos reyes. Aspiramos a encontrarlos, por ello hemos de creer que existen. De otra manera nos tiraríamos de la corona y nos iríamos a las cruzadas sin remisión.

Si existimos las reinas, han de existir los reyes.

Las diosas no pueden casarse con humanos. Pero si ellas existen, han de existir los dioses, para que ambos puedan seguir alumbrando seres excepcionales.

Cuentan las leyendas que los dioses crearon a los humanos y les dotaron de mil y un talentos, dones y recursos, pero los escondieron dentro de ellos porque sabían que ahí nunca los iban a encontrar y así no se percatarían de que ellos, a su vez, también eran dioses. No obstante, siempre hay un osado u osada que decide mirar en su interior y se compromete a desenterrar el tesoro que duerme en el centro de su ser.

Una reina tiene confianza, sabe que todo llega para el que sabe esperar y sigue buscando activamente.

Una reina nunca se detiene.

Una reina nunca tira la toalla ante ninguna dificultad.

Si todos cambiamos de traje, si en una vida somos mujeres y en otra somos hombres, esa reina de hoy será o fue un rey en otra existencia.

Por consiguiente, si hay reinas, hay reyes.

Y, haberlos, haylos.

¿Crees en ello?

Yo, sí.

Yo quiero creer.

¿Y tú? ¿Quieres creer?

Te cuento por qué te formulo esta pregunta.

Yo soy la reina que fue rey en otra vida, por eso sé cómo es ser rey y buscar a tu reina, a una que te dio calabazas en otra vida.

Ésta es la historia de cómo siendo un caballero de armadura demasiado oxidada me convertí en rey.

La conocí siendo joven. Me enamoré de ella: de la Reina de las Hadas. Ella era un sueño hecho realidad: belleza física, inteligente, culta, elegante y de alma humana, muy humana. No podía apartar mis ojos de ella. Me fascinaban sus ojos, su sonrisa, su luz, su magia. Sentía mariposas recorrerme el cuerpo, el corazón y toda el alma. Me sentía más feliz que nunca. Antes jamás había conocido a nadie como ella, nunca. No creía que pudiesen existir seres así, con esa luz, con esa magia.

La Reina se enamoró a su vez de mí. Y, como era una reina, como tal me trató. Era sincera, abierta, sin máscaras, sin corazas, sin armaduras... Era libre en su sentir, en sus demostraciones de afecto, en su volar libre por la vida. Las reinas son así de enérgicas, libres y creativas. Me colmó de bendiciones. Era un hada madrina para mí en todos los sentidos.

Pero yo no supe apreciarlo. No supe verlo porque estaba sumido en mi armadura demasiado oxidada de miedo. El miedo me empezó a corroer el alma, me asfixiaba el corazón, me agarrotaba la mente impidiéndome pensar, sentir. Todos los anclajes negativos, las experiencias amorosas con otras damiselas de floja diadema y débil luz me agarraron por el cuello, me taparon los ojos e hicieron que responsabilizase a la Reina de todo lo que aquellas damiselas me habían hecho y yo les había permitido. Mi experiencia con las mujeres de falsa fuerza me tenía dormido el sentido. La ternura que vivía en mi corazón se abrió paso hasta las alas de la Reina, porque su magia daba para eso y más. Pero yo no podía soportar la magia que ella creaba en mí, no podía aguantar que ella consiguiese hacerme hablar de mis sentimientos.

¿Por qué?

Sencillamente, porque ello me obligaba a ponerme en contacto con mis emociones, y aquel contacto iba precedido del dolor de todas las ausencias, de todos los miedos no afrontados, de toda la oscuridad no visitada en mí.

Yo me había criado con una mujer de fuerte carácter, es decir, con una que había aprendido a negar sus emociones, sus miedos y sus sueños. Una mujer que contenía en demasía sus afectos. Mi padre, caballero de noble corazón y elevada alma, tuvo que salir de cruzadas para poder mantener el castillo, y allá quedamos mi madre, yo y mis hermanos. Mi sensibilidad, y el hecho de que yo fuese el mayor de los hermanos, hizo que asumiese el dolor de mi madre, creyéndolo propio. Sí, su dolor, aquél que ella sentía por la ausencia de mi padre, pasó a ser mío. Yo hubiese querido evitárselo, ahorrarle el sufrimiento de sus noches en soledad, de sus días en silencio al cargo de tres niños sin el guerrero con el que compartir miedos, dudas y responsabilidades. Mi madre aprendió a callar las emociones, a esconder sus sentimientos, y yo hice otro tanto. Yo también aprendí a tragarme mis sentimientos, a guardarlos para mí. Y tan experto me hice que mi estómago fue el único que no perdió la voz dedicándose a protestar cada vez que yo no asumía una emoción: me sentaban mal las comidas.

Pero los miedos de mi madre no eran míos, como tampoco lo eran sus experiencias. Asimismo, ni la responsabilidad sobre su sufrimiento o la solución de su soledad eran míos. Pero yo nunca me di cuenta de eso. La quería tanto, y eso sucedió a tan temprana edad mía, que no supe ni pude distinguir dónde terminaba ella y comenzaba yo, pues estaba totalmente identificado con su sufrimiento —como es lógico a esa edad—. Mi madre tampoco era consciente de que se estaba apoyando emocionalmente en mí. Por consiguiente, le mostraba, sin rubor, su desconcierto vital a un niño emocionalmente sin defensas, sin delimitación de la identidad. Ya se sabe: de niños estamos asociados absolutamente a la madre y al padre, no distinguiendo dónde terminan ellos y comenzamos nosotros. El proceso de individuación aún no ha tenido lugar en nosotros.

Con esto no quiero librarme de mi responsabilidad en la edad adulta, no. Tan sólo quiero explicar el origen de mi aparente incapacidad para expresar mis emociones. Mi madre tampoco era consciente de que a un niño no se le ha de involucrar en menesteres y asuntos de adultos, puesto que emocionalmente no está preparado para ello. Es más, los niños, en su magia, creen que pueden solucionarlo todo. Por eso, yo pensé que podía conseguir que mi madre fuese feliz. Craso error, pues solamente ella era la responsable de su felicidad. Pero entonces eso yo lo ignoraba.

Crecí y me enamoré (al menos eso creía yo) de damiselas ausentes de sí mismas, cuyo corazón estaba necesitado de cariño, de un cariño que ellas no estaban dispuestas a darse y proporcionarse a sí mismas y por sí mismas. Este estilo psicológico-emocional de mujer me atraía sobremanera, sin saber conscientemente por qué. Mi capacidad de amar estaba trastocada. Yo creía que amar era rescatar a alguien de sí mismo. Por ello me atraían tanto las mujeres que tenían necesidad de ser rescatadas de sí mismas: las que se hun- dían en su propia tristeza sin hacer nada para salir adelante, sin pegar una patada al guión que un intruso había escrito para ellas, resignándose a un destino que nadie les había elegido.

Por eso, cuando conocí a la Reina no supe qué hacer, pues ella sí que se amaba a sí misma: era libre, de alma bella y volaba a su aire el universo de su existencia. Además, no me necesitaba. En cambio yo sí necesitaba su luz, calor y eternidad humanas. Mi alma la añoraba, la deseaba, buscándola desde los inicios de mis tiempos en la Tierra, porque era mi compañera de alma... Sí, éramos almas gemelas... Pero, eso era demasiado para mí, un caballero de oxidadas emociones, de necesitadas damiselas... La reina era expresiva y demostrativa de sus afectos: me amaba y no se cortaba un pelo en mostrarme abiertamente el amor que por mí sentía.

Y yo no estaba acostumbrado a ello.

Mi madre no era dada a mostrar sus afectos, su amor por mí, de la manera tan poco pudorosa que utilizaba la Reina. Mi madre me había enseñado a callar, a guardarme los miedos y los afectos. Pero los miedos no se callan por más encerrados que estén, siguen ahí vivos, y los míos estaban al acecho y me tenían agarrado por la armadura.

Esos mismos miedos eran los que hacían que me fijase en damiselas de necesitada diadema. Mujeres que usaban la «debilidad» como arma arrojadiza con la que alcanzar el castillo del caballero, mostrando que necesitaban retenerte a su lado. Todas las mujeres de mi vida (hasta que llegó la Reina) me habían hecho creer que me necesitaban para dar aire a su tristeza y ausencia vital. Y el niño que moraba en mi interior, aquel que necesitaba devolver la alegría a su madre, se enganchaba a ellas, y ellas a mí.

Yo creía que la necesidad era amor.

Me atraían las mujeres de necesitado corazón, me daban pena. No sabía cómo librarme de sus cadenas, cuando en verdad eran mis propias cadenas las que a ellas me ataban. Ellas se agarraban a mí sencillamente porque había donde agarrarse —aunque la Reina nunca lo hizo— y yo las dejaba. Y luego, ya enredado en tanta cadena, no sabía cómo desliarme... Hasta que acababa por contaminar la relación. Las acusaba de retenerme. Alegaba que no quería hacerles daño, y que por ello me costaba dejarlas, cuando en verdad a quien no quería hacer daño era a mí mismo, ya que irme era reconocer que allí nunca hubo nada que rescatar que no fuera mi propio corazón.

En mi inocencia de caballero de emociones envueltas en armadura oxidada de miedos, a la Reina le hice la misma declaración de principios. Le dije que yo no quería hacerle daño, que si un día dejaba de sentir las mariposas que sentía en el estómago, se lo diría. Cuando se lo dije, lo que en verdad le estaba diciendo era: «Verás, Reina guapa. Yo me he enamorado de ti, pero siento pavor ante la idea de tener que afrontar tu ausencia en caso de que se te ocurriese dejarme, y esto es así porque vi a mi madre sufrir la ausencia de mi padre, y no quiero tener que pasar por ese sufrimiento... El de haberte tenido y perderte. Y, como no quiero pasar por ello, la paradoja es la predicción que se cumple a sí misma, y como tengo miedo a que me dejes sin el milagro de tu amor —ése que tan abiertamente me has mostrado y dado— prefiero darte una patada y largarte de mi vida, aduciendo que tú sientes más que yo y que estás más comprometida con nuestra relación de lo que yo lo estoy. Me aterra pensar que te puedo perder, que no soy suficiente como para retenerte a mi lado... Viví la ausencia de mi padre (entonces, cuando niño, no podía entender que él escogió irse de cruzadas —sus razones tendría— para mantener el castillo) como si mi madre, yo y mis hermanos no fuésemos suficiente motivo para quedarse en casa y vivir las vicisitudes de la vida juntos y no por separado. Para un niño, el hecho de que su padre no esté en casa junto a su familia es vivenciado como un «no somos suficientemente valiosos para él como para quedarse junto a nosotros».

«Y yo, Reina mía, tenía tanto miedo a que tú no te quisieses quedar junto a mí el resto de tu vida que el miedo me hizo perder de vista tu capacidad de amar y la calidad e incondicionalidad de tu amor por mí. Por eso, preferí darle un puntapié a tu corazón y echarte de mi vida. Tengo que perdonarme a mí mismo por ello... Perdóname por no haber valorado tu luz, por haber necesitado que me necesitases, por no haber sabido disfrutar del regalo de tu amor.

«Te echo de menos.

«Tenías razón: cuando uno no se ama a sí mismo, ni puede valorarse ni sabe apreciar los regalos del Universo. Yo no supe apreciar la bendición de tu presencia en mi vida. Ahora, tiempo después, echo de menos tu amor... Eres única, un ángel en la Tierra, y a mí me amó un ángel pero no quise aceptar su luz. Perdóname, siento haberme hecho esto a mí mismo. En mi desvalorización sólo supe echarte en cara tu magia, criticar tu luz. Seguro que pensaste que era un sapo como tantos otros a los que habías besado en tu vida... No te culpo.

«Yo no sabía lo que era amar hasta que te conocí a ti.

«Pero como nunca había sentido amor de verdad, no supe reconocerlo. Me dejé enredar en mis miedos, en mis inseguridades.

«Pensé más en lo que podía perder si tú estabas en mi vida.

«¿Sabes qué iba a perder?

«Copas, noches de juerga insulsa, damiselas vacías y todas esas estupideces...

«Pero yo decidí que todo eso era más importante que tu amor. Porque de haberme querido a mí mismo hubiese sabido valorar el milagro de tu presencia en mi vida, y es que un ángel no cruza mi cielo todos los días, ni posiblemente vuelva a cruzarlo nunca más...

«Te echo de menos.

«Ahora que ya no estás, sé que te amé más de lo que me atreví a reconocer...

«Ahora que ya no vuelas mis noches ni abrazas mi corazón, sé que la ternura de tus alas era tan única que nunca la hallaré de nuevo a menos que consiga hacerte volver a mi vida...

«¡Maldigo mi armadura oxidada de miedos y de temores a vivir mi propia existencia!

«Algún día me levantaré en mi luz y conseguiré decir sí a la Vida».

Ese caballero de oxidada armadura era yo. Y todos mis amigos estaban igual... Por eso creía que era normal que las mujeres fuesen damiselas y no reinas. Una reina era mucha reina para mí: eso decidí yo para espantar mis miedos. Sin embargo, algo en mí quería abrirse paso y me hizo pedir a la Reina una segunda oportunidad. Ella me miró atónita, no debió entender nada. Después de haberme defendido de su amor, de haberla atacado, de haberle echado en cara que ella estaba más interesada en la relación que yo... ¡Me entró el pánico! El miedo no deja pensar con claridad. Yo me debatía entre el amor que por ella sentía y el miedo a sentir su amor. Por consiguiente, le dije que no estaba enamorado de ella... Eso no me lo creía ni yo. Pero me quise convencer de ello y hacía todo lo que un hombre enamorado pero escondido de sí mismo haría: llegar tarde a las citas, no llamarla, pasar de ella, criticarla, ningunearla, mentir... Y, sobre todo, mantener amistades femeninas al ralentí —no les conté de la existencia de la Reina en mi vida y en mi corazón— por si ella me fallaba o por si decidía usarlas para darle celos. La Reina, claro, me dio con la corona en los morros.

Perdí a la Reina.

Y me convencí a mí mismo de que eso no me importaba. Es más, yo la despedí de mi vida. Pretendí darle migajas, ofrecerle lo que había ofrecido a toda damisela de débil diadema que había cruzado mi vida: una relación abierta para vernos cuando a mí se me antojase.

¿Qué respondió la reina?

Nada.

Tan sólo me miró. En lugar de responderme, me habló de lo que ella quería y anhelaba su corazón. Ni tan siquiera me suplicó que no la dejase. Cogió su corona, asumió su dolor y se fue a llorar su tristeza.

No supe más de ella.

Imagino que debió llorar lo suyo, pues sé que me amaba de verdad. Me la imagino triste, abriendo las alas al sol de la vida. Puedo sentir sus lágrimas en mis sueños y, si acerco un poco más mi corazón, hasta puedo sentir la respiración de su llanto en la noche de la ausencia. Debió pasarlo muy mal, ya que me amaba con un amor repleto de autenticidad.

Yo también lo he pasado muy mal, la he echado mucho de menos y me lo he negado. Al menos ella nunca se negó sus emociones a sí misma. Debo ser un imbécil absoluto para haberle dado calabazas a una Reina. Pero en honor a la verdad he de confesar que las calabazas me las di a mí mismo. No supe amarla, ni me dio la gana de asumir mis sentimientos. Me parapeté detrás de mi racionalidad para crear y recrear nominalizaciones. Me dediqué a hacer distinciones entre el amor y los sentimientos, alegando que amar y tener sentimientos por alguien no es lo mismo.

¿Segunda oportunidad?

Cuando la conocí, en nuestra primera cita metí el coche en un agujero de la acera cuando intentaba aparcar. Ella me dijo que eso era una metáfora premonitoria de lo que sería nuestra relación. Y vaya si lo fue. Conseguí sacar el coche de aquel «agujero cósmico», ella me guió y dio ánimos, yo estaba al volante de mi coche y, según ella, tuve la ayuda extra de sus ángeles. Desde el principio ella confió más en mí y en mis capacidades de lo que yo lo había hecho nunca. La metáfora del primer día, esa vela que se apagó la misma noche en que yo la eché de mi vida, esa luz que se durmió en mi sueño, ese sueño en el que ella se paraba renunciando a seguir camino conmigo porque había otra mujer —una con la que yo no había clarificado la relación—, ese sueño debería habérmelo tomado más en serio... Pero mis miedos me habían ganado la partida. Le dije que tenía dudas acerca de si algún día mis dudas se despejarían... Yo me contaba a mí mismo que tenía dudas sobre si éramos compatibles o no... Yo no quería que fuésemos compatibles... Yo no la quería en mi vida... No me sentía digno de una Reina como ella. Mientras mis amigos, a los que consideraba más que yo, tenían novias de rango damisela, yo tenía la suerte de ser amado por una Reina, y eso me hacía demasiado visible, susceptible de ser envidiado por mis amigos.

Una Reina cruzó mi vida.

Una Reina me amó.

Y yo le di calabazas a mi corazón.

La Reina se fue.

Las reinas no juegan con los sentimientos, ni aceptan que nadie juegue con los suyos.

Las reinas dan calabazas a las armaduras oxidadas.

Las reinas aman los corazones abiertos.

Las reinas son generosas... y dan segundas oportunidades.

Pero las armaduras asfixian el amor.

Me refugié en mi trabajo, como solemos hacer los caballeros de armadura demasiado oxidada cada vez que queremos huir del amor de una reina. Me marché a otro país, tratando de huir de mí mismo. Me había hecho un plan de vida en solitario porque, en el fondo, yo no quería quedarme y sufrir la ausencia de nadie, tal y como le había sucedido a mi madre. Y, cuando conocí a la Reina, yo ya tenía mi plan de vida hecho y no quise cambiarlo. Preferí echarla de mi vida... Pero, en verdad, me eché a mí mismo.

Mi alma la añoraba, lloraba su ausencia, echaba de menos el calor de su corazón. Ella era tan profundamente humana, tan mágica...

Y yo... ¡Tan memo!

Fui un estúpido al echarla de mi vida.

Una reina cesada no procede igual que una damisela, no. Una reina cesada se va de viaje, procura reorganizar su vida, recoge remos y sigue adelante hacia su destino sin mirar atrás. Por consiguiente, si quieres alcanzarla de nuevo, has de correr lo tuyo, hincar la rodilla y jurar que nunca jamás le volverás a torpedear el alma con tonterías de caballero de armadura oxidada.

«¿Una segunda oportunidad...?», parafraseó ella cuando se lo dije, con la voz teñida de asombro. «¿Para qué? ¿Es que crees en ello?»

Cuando le respondí que no creía en las segundas oportunidades, ella abrió más los ojos y me miró desde el fondo de su alma. Sentí como si una mano me agarrase el alma y pusiese palabras en mi boca, por lo que me oí decir a mí mismo: «No, pero nunca he conocido a nadie como tú, y no querría perder la oportunidad de intentarlo y de que salga bien esta relación...».

Ella volvió a mirarme.

Le pregunté en qué estaba pensando.

Nunca lo sabré, pues no me lo quiso decir. Ni me lo dirá. Se ha ido de mi vida, porque yo la he echado propinándole un puntapié a su alma.

Ella me amaba, y aún me ama.

Puedo sentir su amor en mi alma.

Y mi alma también la ama.

Pero durante un tiempo yo no secundé a mi alma. No quise admitirlo. No pude, ni me dio la gana de admitir el sentimiento de mi alma. Lo rechacé y punto. Ése es el pecado de mi armadura, una armadura demasiado oxidada de miedo... De miedo a vivir el amor de mi alma.

Los caballeros de armadura oxidada haríamos bien en acudir a alguna escuela del alma donde aprender a disolver los quistes repletos de temor que nos salieron en el corazón... Yo, que no quería desarrollar quistes en el corazón, me encerré en mi armadura y le pegué una patada a la Reina.

¡Una segunda oportunidad!

Si me la da, le juro que nunca más volveré a echarla de mi vida. Sin ella la vida se queda fría. Sin ella las noches son eternas y los amaneceres carecen de sentido. Sin su rostro el día comienza sin magia.

Puedo refugiarme en mi armadura repleta de óxido, miedos y negativas... Puedo seguir saliendo de cruzadas, de copas o de juergas varias...

Pero a una Reina nunca se la olvida.

Desde aquí ruego al Universo que me conceda una segunda oportunidad para poder vivir la vida abrazado a ella, la Reina, cobijado en su alma de ángel. Debía haberme dado cuenta enseguida de que era merecedor de lo que el destino me había enviado... No debí rechazar el regalo que mi alma me hizo.

Una segunda oportunidad sólo te la concede un ángel.

10

CUANDO LAS CALABAZAS
SE CONVIERTEN EN CARROZAS MÁGICAS

«Segundas partes nunca fueron buenas», solía repetir mi abuela. Eso es así, excepto cuando no lo es.

Toda calabaza es una carroza mágica en potencia si la toca un hada madrina con su varita mágica... La reina tenía su hada madrina, como, a su vez, la tenía el caballero de la armadura demasiado oxidada que llegó a rey. La reina le dio una segunda oportunidad al futuro rey, pues no quería matar el amor que sentía en su corazón. Y, como las reinas tienen mucho coraje, no se asustan de nada.

La reina era una iniciada, y eso significa ser hija del Universo y estar en sintonía con el alma que uno lleva dentro. Por consiguiente, lo primero que hizo cuando el rey —todavía caballero de armadura oxidada— le pegó una patada echándola de su vida, fue perdonarle sus comportamientos, porque ya se sabe: «Amamos a las personas pero no amamos sus comportamientos». Ella no quería pasarse el resto de su vida envuelta en odios y rencores. Y, por ello, le perdonó todas sus tonterías.

Ahora bien, no se quedó esperándole. ¡No!

Recogió remos y se fue a vivir su vida. Nunca esperó que el caballero la llamase de nuevo. Le hubiese encantado, pero prefirió ser realista y no esperar nada.

«Una segunda oportunidad», le había propuesto él. Pero tantas cosas le había dicho que luego no había cumplido que decidió no confiar en su palabra. Ella sólo confiaba en el Universo, en el destino. Por consiguiente, sabía que si el destino lo quería, así sería, y si no, pues también se vería. Ella le amaba, pero se amaba más a sí misma.

«Segundas partes nunca fueron buenas», hasta que lo son. ¿De verdad?

El dolor del corazón no se calma de un día para otro, sólo se adormece. El tiempo todo lo cura, y es cierto, porque la reina se había recuperado del divorcio de su primer caballero de armadura demasiado oxidada. Ahora pensaba que tendría que acabar por dar la razón a todas esas mujeres que decían que no existían hombres sinceros, honestos, valientes y comprometidos. La reina se preguntaba qué tenían esas mujeres que conseguían conquistar a esos, aparentemente, inasequibles e inconquistables hombres, a esos precisamente que a ella la dejaban plantada y con calabazas en la puerta del castillo.

Ella se sentía triste.

No creía en segundas partes, nunca creyó.

En lo que sí creía era en la magia del destino, porque ésa no fallaba. El caballero de armadura temerosamente oxidada estaba en su derecho a no amarla.

Pero... ¿No había ningún rey que se amase a sí mismo tanto como para desear tener a una reina en su vida, y que además tuviese una edad y manera de ver la vida compatibles con ella?

Ella creyó que el caballero era un rey, ¿se había equivocado de nuevo?

Segundas partes nunca fueron buenas, hasta que lo son si ambos así lo deciden.

Ella, la reina, era de las que intentaban las cosas varias veces.

Por coraje no sería.

Por falta de amor, tampoco.

Pero ella no bailaba sola en esta ocasión.

¿Cuantas veces había dicho a otras damas de la corte que cuando un caballero solicita «una temporadita para meditar» hay que mandarlo a paseo inmediatamente, certificar la muerte de la relación, llorar el duelo y seguir adelante con la vida, aprendiendo de esa experiencia?

Y ahora ella, ¿qué?

¿Cómo podía haberle concedido al caballero la venia?

¿Por qué no le había cerrado la puerta del castillo en plena armadura emocional?

¿Sería que se estaba haciendo mayor y le comenzaban a fallar las defensas?

¿O acaso se había vuelto sabia...?

Tal vez la respuesta al enigma era que estaba alelada. Sí, eso sería, estaba alelada a causa de los sentimientos que albergaba en su corazón por el caballero de asustadiza armadura y necesitado plazo de reflexión.

«Las calabazas se convirtieron en carrozas.»

Ay, las calabazas malditas.

¿Dónde estaría el hada madrina?

La de la reina andaba de vacaciones en Hawai.

La del caballero estaba de reflexiones meditativas en un monasterio del Tibet, pues no sabía cómo decirle que era un memo por haberle dado calabazas a su corazón al haber rechazado a la reina. «Eso no se hace», pensaba el hada madrina del caballero, futuro rey de dubitativa armadura y asustadiza espada. «Nadie en su sano corazón echa de su vida a alguien como la reina... Será tontaina de la armadura, será...», murmuraba para sí el hada madrina del caballero.

Las dos hadas madrinas se pusieron en contacto. Juntas tenían que idear un plan de rescate, uno que rescatase al caballero de su olvido. Porque a la reina no había que rescatarla de nada, tan sólo darle un poco de bálsamo a su maltrecho corazón. Eso era fácil, pues la reina se dejaba querer y mimar por el Universo, y éste le enviaba ángeles para que dieran calor a su entristecido corazón.

La reina se fue a vivir a otro país. Quería poner tierra de por medio, ver otros paisajes, recorrer caminos nuevos, conocer gente nueva y nuevos horizontes vitales. Emigró a tierras cálidas. Cogió sus bártulos y se fue de excursión por el mundo. Sin rey o con rey, ella era una reina y tenía su propio reino y castillo. Había reconquistado su libertad después del divorcio de su primer matrimonio. Quería darse la oportunidad de ser feliz, de abrir los ojos cada mañana y saludar al mundo, sabiendo que el mundo se iba a alegrar mucho de tener a alguien como ella entre sus habitantes. Le gustaba bailar por las mañanas para celebrar el nuevo día y no podía permitirse el lujo de detenerse porque el caballero la hubiese dejado plantada. Cuando le conoció y se enamoró de él asumió el riesgo de que ocurriese algo así. Es más, ella lo sabía, dado que era profundamente intuitiva y se comunicaba claramente con su alma. Sabía que aquello iba a ocurrir, como así fue, era de prever... Aunque esto no restó dolor cuando sucedió.

Segundas partes... Algunas veces habían sido buenas.

La reina quería recuperar la memoria de una vez en la que intentó algo por segunda vez, rectificó la estrategia y había funcionado. Buscó y buscó en su memoria... Y halló una chispa de esperanza.

Recordó el caso de una dama de la corte que, la primera vez que se quedó embarazada, perdió al bebé que esperaba. No así la segunda vez: nació una preciosa niña.

Y también recordó el caso de otra dama que se divorció y se volvió a casar con el mismo caballero. La primera vez no funcionó, pero la segunda vez fue tan diferente que llevaban casados más de treinta años.

Y recordó cómo se conocieron ella y el caballero. La empleada de la compañía aérea insistió e insistió, pues el ordenador no funcionaba, hasta que consiguió asignarle el asiento que el caballero había solicitado, y que se hallaba junto al de la reina, en el mismo avión una noche de luna creciente. Qué cosas tenía el destino. Si el destino conspiró para que se conociesen, puede que esta vez estuviese también conspirando para que se volviesen a reunir de nuevo...

El mundo es un lugar lleno de calabazas que deben convertirse en carrozas mágicas.

Ella sabía muy bien que las creencias que uno tiene sobre las cosas, los asuntos y la vida en general, determinan cómo vivimos eso que llamamos realidad.

Segundas partes no son sino una nueva experiencia, el acceso a una nueva y diferente perspectiva. Al fin y al cabo, ella había repetido muchas veces, y más, el mismo postre, y cada vez le había sabido diferente.

¿Por qué llamarla «segunda oportunidad» si ella no era ya la misma? El día en que el caballero le solicitó el «período de reflexión», ella se deshizo de su piel vieja cual serpiente, dejando que se desprendiesen antiguas experiencias y creencias que no le eran ya útiles. Se renovó a sí misma y dejó que la luz de su alma brillase más que nunca. Por consiguiente, no se le podía llamar «segunda oportunidad», puesto que ella no era la de aquel fatídico día en el que el caballero le solicitó el «período de reflexión». La antigua reina había muerto, ahora había una nueva reina, renovada, rejuvenecida, liberada de las cadenas del ayer.

¿Qué había sucedido?

La reina recordó algo que había ocurrido muchos años atrás en su vida amorosa. Cuando contaba veinte años, se había enamorado perdidamente de un caballero, y él de ella. Durante mucho tiempo ambos construyeron un futuro en común. Pero sucedió que en el camino del caballero se cruzó otra dama, y éste plantó a la reina. Como se sentía culpable, nunca le contó la verdad, y durante algún tiempo hizo doblete, es decir, tuvo una relación a dos bandas. Ya sabemos que la culpabilidad es mala consejera, por lo que arremetió contra la reina con la intención de lavar su mala conciencia. La acusó de haber contaminado su idea del amor dedicándose a vomitar basura cósmica sobre la reina. Lo peor de todo es que ella creyó todo lo que él le dijo. Le amaba tanto que no pudo ni supo defenderse de sus ataques. Entonces fue cuando la reina la fastidió: ahí residía la clave de por qué años más tarde acabó por casarse con el caballero de armadura demasiado oxidada. Tengo que contarte que la reina se construyó una creencia a la medida de su experiencia, a saber: «*Ella no era digna del amor, no merecía la pena porque había roto la magia de la relación con el caballero que más había amado*». Ni tan siquiera al descubrir, años más tarde, que el caballero la había engañado con otra que había conocido delante de sus reales narices, impidió que ella acuñase semejante idea acerca de sí misma y el amor. En cuanto al caballero en cuestión, fue el hecho de liarse con aquella dama mientras aún estaba en relación con la reina lo que hizo que se sintiese tan culpable, pero en vez de asumir responsabilidad sobre su comportamiento, eludió hacerlo y, por tanto, volcó sobre la reina la miseria de su culpabilidad... Tan demoledor fue el golpe que ni siquiera el conocimiento consciente de aquel hecho modificó, en la reina, la creencia con la que él la obsequió como regalo de despedida de la relación. Ahora bien, toda predicción que se cumple a sí misma se fundamenta en una paradoja, y la de la reina no podía ser menos. Así fue como se llevó a sí misma de bazar en bazar, hecho que no hizo sino confirmar que ella «no era piedra preciosa, sino elemento que arruinaba el amor en el corazón de cuanto caballero se cruzase en su camino de desamor.» Hasta que llegó el caballero de armadura demasiado oxidada.

¿Qué sucedió?

Sencillamente, que éste le hizo caso, ofreció por la joya «unas monedas de cobre» y ella, que pensaba que nunca más nadie la iba a amar, se lo tomó como si aquel fuera su último tren y se subió a su destino. Pero acabó en un campo de concentración emocional.

Malditas creencias.

Benditas calabazas.

Benditas porque las que le dio el caballero-futuro rey desencadenaron la sanación que le hacía falta. Aquellas calabazas fueron el detonante que abrió una vía para llegar hasta la maldita creencia que le estaba contaminando la vida emocional. Así fue como dejó que la piel antigua se desprendiese y pudiese emerger la nueva reina, la nueva luz, la nueva realidad de su alma.

«Segundas partes pueden ser primeras si uno ha mudado la piel y ha tirado viejas y putrefactas creencias.»

La reina dejó de pensar que el caballero-futuro rey era «su último tren», y pasó a considerarlo «un tren maravilloso», pero no el único. Este nuevo pensamiento le hizo perder el miedo y pasó a confiar sólo en el destino. Entonces fue cuando entendió por qué le había dicho que sí a su petición de «un período de reflexión y segunda oportunidad».

Si el caballero-futuro rey no volvía nunca más, no pasaba nada, pues ella siempre podía irse a otras estaciones, a otros aeropuertos, a otros puertos, a otras estaciones de autobuses... Nadie sería ya nunca más «el último tren». ¡Nunca más!

¡Adiós a las cadenas del pasado!

Benditas calabazas.

Benditas nuevas creencias.

Así fue como una calabaza pudo convertirse en carroza mágica.

¿Y qué fue de las hadas madrinas?

Hum... Andaban muy atareadas pensando en cómo iban a despertar en el corazón del caballero-futuro rey el coraje y la determinación para atreverse a intentarlo con la reina una vez perdido el temor a los fracasos... Tenía que conseguir que él se enamorase de los retos, ya que construir una relación con la reina iba a ser todo un hito en su vida de caballero... No obstante, el desafío tendría su recompensa mágica: no todos los días uno tiene la oportunidad de conocer a una reina, y si encima ésta se enamora del caballero, ¡esto si que es un milagro mágico que ningún caballero-futuro rey osaría despreciar!

¿Qué haría el caballero-futuro rey?

Y la reina, ¿qué pensaba?

Las calabazas se pueden convertir en carrozas mágicas.

Segundas partes, a veces, son el umbral de acceso a la magia del destino, al milagro del amor. Y es que, a veces, el destino presenta a los amantes pero los vuelve a separar para que aprendan lo que han de aprender de cara a poder reconstruir la relación sobre bases realistas y saneadas.

Y el caballero, ¿qué?

¡Oh! El caballero.

Andaba de viaje, echando de menos a la reina, asfixiado por su orgullo lleno de miedo que le impedía coger el teléfono y llamarla para decirle que sin ella sus noches estaban desiertas y sus mañanas faltas de luz.

Pero las hadas andaban conspirando para que las dudas que nublaban su mente se despejasen y le subiese la palabra hasta su intelecto de caballero, y se le escapase el sentimiento por la boca, gritándolo en la noche de la ausencia para que llegase a oídos de la reina.

Las cabalazas se convirtieron en carroza mágica.

La segunda oportunidad se convirtió en alfombra mágica por la que ambos caminaron al encuentro del destino que un día les sentó el uno junto al otro en aquel vuelo de luna creciente.

El caballero plantó cara a sus miedos. Llamó a la reina y le confesó sus sentimientos.

El resto es ya historia.

Las calabazas se convirtieron en carroza mágica.

Las historias de amor existen y los finales felices también. No siempre se llega a ellos por un camino de rosas. A veces, las relaciones más afortunadas se construyen basándose en procesos que costaron mucho esfuerzo, audacia, osadía, amor y coraje para enfrentar dragones de todo tipo.

«Aunque tengas miedo, inténtalo, sigue adelante.»

Todo caballero que llega a rey, lo consigue enfrentándose a sus dragones interiores. No siempre basta con el amor de una reina... No siempre. El amor nunca es suficiente, pues ha de ir acompañado de coraje y de mucho sentido del humor para poder afrontar con valentía el proceso de vivir. El caballero decidió aprovechar la oportunidad de convertirse en rey... y dejarse amar por una reina. No quiso perder la oportunidad de no volver a hallar a una reina... No quiso perder el amor de aquella reina en concreto, una reina mágica con un corazón como hay pocos...

¿De verdad es éste el auténtico final?

En el ánimo de la reina, sí.

En el alma del caballero-futuro rey, también.

En eso conocido como «realidad», está por ver si el caballero será capaz de convertirse en el rey que es en su alma, ese rey que la reina vislumbró y del cual se enamoró.

Está por ver si es capaz de hallar a la reina... de nuevo.

Tal vez en esta segunda ocasión no haga falta sentarlos de nuevo juntos en un vuelo de luna creciente, o sí...

En algún punto del Universo ellos dos se reunirán de nuevo.

Hasta entonces, la reina se ha marchado a Italia a vivir los aires mediterráneos desde la perspectiva italiana. Todos tenemos derecho a la felicidad y la reina no iba a ser menos. Estar lejos no significa olvidar al rey. Ahora bien, estar sin él tampoco significa dejar de vivir la vida que uno tiene aquí en la Tierra. La reina confía en el destino y sabe que «lo que ha de ser será, se ponga como se ponga ella, o no se ponga el rey...» El destino es algo que escogemos a nivel de alma antes de nacer a la vida humana de la Tierra y somos responsables de cada elección y rechazo que en nuestro devenir humano realizamos. Un acuerdo a nivel de alma tiene mucha responsabilidad, y por más que uno quiera zafarse de dicho acuerdo, no es posible.

¿Por qué?

Por la sencilla razón de que el alma impulsa a su yo en la Tierra a cumplir con el acuerdo, y la voluntad del alma es la más poderosa de todas las energías, de todos los impulsos...

Por consiguiente, si ella y el rey acordaron estar juntos en esta vida, crear hogar para otras almas y apoyarse en sus destinos individuales, así será. Ella es muy sabia, y desde su sabiduría de iniciada sabe que todo aquello que es «kármico» (acuerdos a nivel de alma) ha de ser aceptado, uno ha de rendirse a la voluntad divina so pena de pasarlo fatal en la negativa. Demasiado vieja como alma como para negarse a dicha realidad. Ella aprendió a rendirse a la voluntad de su alma, y por ello el sol volvió a reflejarse de nuevo en sus alas de hada. Nada que objetar, nada que negar, sólo aceptar con serenidad y complacencia. No podía guardar rencor al rey. ¿Cómo iba a hacerlo? Ella le amaba, y las reinas aman de verdad y tienen clara su misión. No importaba cuánto tardase el rey en darse cuenta de su destino. Ella sabía esperar, porque su espera no era pasiva... Nunca se quedó quieta y tampoco iba a hacerlo ahora. Se sentía con el alma repleta de ilusión, de dicha y de esperanza abrazada a la fe que nace del saber que todo, absolutamente todo, sucede para nuestro mejor bien. Por tanto, la reina se fue a Italia mientras esperaba que el destino la llamase.

Las reinas nunca se quedan quietas, siguen adelante su camino sin mirar atrás. Del pasado solamente se llevan lo que aprendieron y disfrutaron, porque saben que habrá más trenes y más estaciones a donde ir: el destino suele tener sorpresas muy hermosas guardadas en sus alforjas mágicas.

La reina hizo el equipaje, cogió el pasaporte y se fue a su casa de la costa italiana. Su esencia mediterránea la llamaba y decidió escuchar su canto. La inspiración de las noches repletas de luna llena y de aromas marinos tejieron luminosas estrellas en sus alas. Ella ya nunca más volvería a ser la misma, ni miraría atrás. Su destino la reclamaba y estaba decidida a vivir su vida mientras el rey decidía ir a su encuentro en el destino que ambos habían escrito para esta existencia terrena. Ahora que se había liberado a sí misma de las cadenas de las creencias del pasado, podía por fin mirar con determinación y fe el futuro de su vida, sabiendo que podía sentir el amor que el rey le prodigase y dárselo a su vez sin reservas ni contaminaciones del pasado. Éso era realmente la felicidad.

¡Qué dichosa se sentía! El sol brillaba de nuevo en su vida y sus alas estaban extendidas al viento de libertad. Tantas veces le habían pronosticado que hallaría al rey... un rey de ojos increíbles, de alma bella y diferente al resto («No tiene nada que ver con lo que tienes alrededor, y es una relación duradera. Le seguirás a otro lugar, y nunca te arrepentirás de haberlo hecho pues es el amor de tu vida...», le había dicho una pitonisa), un rey de corazones... Si en sus registros esenciales figuraba esa energía, esa información, ella estaba determinada a creer que el destino asomaría su rostro tarde o temprano... Y no la iba a pillar quieta, no. Porque ella sabía que el que algo quiere, algo le cuesta, y que «a tu casa nadie viene a buscarte»... Si quieres hallar tu destino has de salir a su encuentro, y ella se había puesto en marcha. No se fue a Italia a vivir porque pensase que allí le hallaría, no. El motivo de su marcha fue la renovación de energías y la celebración de una nueva vida que comenzaba habiéndose desprendido de la «piel del pasado»... Cual ave fénix había renacido de sus propias cenizas para volar más alto, libre y eterna como nunca antes lo había hecho. Cuando el rey tuviese que cruzar su destino, así lo haría, puesto que ya se encargarían de ello los oficiales angelicales al mando de dicho tipo de operaciones. «Ellos» les conectarían de nuevo tal y como hicieron en aquel vuelo de luna creciente. Mientras tanto, ella se iba a disfrutar de la magia italiana.

Epílogo regio

La reina sigue enamorada del rey y de la vida. Se ha convertido en cultivadora de calabazas mágicas. Ahora posee una granja en el sur de Italia en la que se dedica a sembrar calabazas mágicas para enviárselas, con ayuda de las hadas madrinas, a otras personas que necesiten de ellas.

Y del rey, ¿qué fue?

Sorpresa.

Aprendió que era un ángel en su corazón, y se atrevió y se arriesgó a amar.

Se dedica a vender las calabazas que cultiva la reina.

Juntos han formado una compañía muy exitosa con sucursales en muchos países. Su compañía de calabazas mágicas figura entre las quinientas empresas más exitosas del mundo.

La reina recuerda que una noche de luna llena, cuando paseaba por la playa, diseñó el logotipo de su compañía, que presintió que ambos acabarían creando. Pero la reina no sólo cultiva calabazas sino que, además, como es muy creativa, también ha ideado recetas para cocinarlas y así desprenderse de miedos y deshacer armaduras oxidadas. Para ello creó un centro donde enseñaba a reencuadrar las calabazas, convirtiéndolas en un negocio... dándose una segunda oportunidad y abriendo la puerta al amor. Uno puede ponerse muy digno, hacer oídos sordos a su corazón, usar el orgullo para mandar a paseo al caballero de armadura oxidada que le ha dado por tontear con la espada..., pero ella, reina de su vida, optó por devolverle las calabazas al caballero y ver si éste era capaz de cocinarlas. Y resultó ser un experto cocinero. ¡Vaya sorpresa!

Ahí los tienes metidos en sus negocios de calabazas, recetas de cocina y demás menesteres comerciales. El caballero resultó ser un rey de la diplomacia y los negocios, y como se le daba de maravilla comerciar con otros países, decidió exportar la magia de la reina creando sociedad con ella tanto en lo emocional como en lo profesional. Nadie hubiese apostado por su relación... ¡Ni ellos tampoco, al principio! Porque el caballero, cuando aún no era rey, no hacía sino insistir en las dudas que tenía acerca de si serían o no compatibles. Y llegó un momento en que la reina estuvo a punto de perder la paciencia y darle con la corona en plena ingeniería dubitativa.

Menos mal que se aguantó las ganas.

Eso sí, no creas que todo caballero de armadura demasiado oxidada se convierte en rey en la misma vida. ¡No! Algunos nunca pasan de su armadura. Nunca te quedes al ralentí esperando a que tu caballero se convierta en rey, no lo hagas nunca. En vez de ello, lárgate a vivir tu vida, y si el destino quiere que os reunáis de nuevo, así será.

Nadie evoluciona si no le da la gana hacerlo, y no lo hará por más que le insistas. Por consiguiente, déjale a su aire y que haga lo que crea más conveniente. Pero, eso sí, tú no le esperes. Vive tu vida, y que el destino muestre lo que tiene preparado para ambos. Si ha de ser, será.

Confía en que el Universo siempre te guía, cuida y protege.

Ten fe en que todo sucede para tu mejor bien.

La reina lo hizo, y le fue muy bien. Lo pasó muy mal, lloró y sufrió, pero aprendió a vivir su vida, a respetarse, a amarse y a ser su propia joyera. Mostrando al mundo en todo su esplendor la maravillosa y mágica joya que era, dio la oportunidad al rey que andaba buscándola de que la encontrase, pues al verla supo que ella era diferente a las demás: una reina. Por eso, nunca escondas tu luz, muestra siempre quien eres. Y sobre todo, nunca detengas tu vida, nunca te quedes parada a la espera de que alguien decida cambiar, tomar contacto con su corazón, hacer frente a sus miedos. Si lo ha de hacer, lo hará. Y, si es tu rey, ya se verá.

Las calabazas se convierten en carrozas mágicas.

Segundas oportunidades, a veces, son tan buenas que incluso representan el negocio de tu vida, además de la relación con tu alma gemela.

¡Que las calabazas crezcan en tu huerto!

Y dáselas a quien creas conveniente. Nunca aguantes a un caballero de armadura demasiado oxidada... Mándale a cultivar calabazas y que demuestre que es digno de una reina. Sólo un joyero es capaz de reconocer una piedra preciosa. Sólo un rey de verdad, aunque esté en fase de caballero envuelto en armadura oxidada, es capaz de rescatarse a sí mismo si quiere hacerlo. Tú, dale calabazas. Y si es él quien te las da a ti, pues... ¡plántalas y haz un negocio de ello! Como hizo la reina.

Te deseo calabazas mágicas, y que halles al rey de tu corazón.

Y, a ti, rey, te deseo que halles a la reina de tu vida y que sepas reconocerla y amarla como se merece.

¡Ah! No olvidéis montaros en la carroza de calabazas mágicas.

PROCESO INTERMEDIO

CÓMO COCINAR LAS CALABAZAS

Cocinando calabazas

¿Te has sentido alguna vez vapuleado, como si la vida o el mundo la hubiesen emprendido contigo? ¿Como si nadie pudiese apreciar quién eres o reconocértelo?

Existe una metáfora o cuento que viene como anillo al dedo para el reencuadre de las situaciones o para un cambio de perspectiva.

Érase una vez una gran maestra a la que un aprendiz acusaba de charlatanería. Ante tales acusaciones, la gran maestra, como única respuesta, rebuscó en sus bolsillos y sacó una bolsita de tela de la cual extrajo una piedra preciosa. Entregándosela al aprendiz, le dijo: «Ve a aquellos bazares y pide que te ofrezcan cien monedas de oro por ella». El aprendiz fue a los bazares y, enseñando la piedra preciosa, pidió que le dieran cien monedas de oro por ella. Los comerciantes se rieron ante semejante osadía. El aprendiz regresó junto a la gran maestra y le relató lo que había sucedido. La gran maestra le comentó: «Ahora ve a aquella joyería de la esquina y muestra la piedra». El aprendiz fue y, al enseñársela al joyero, éste, sin darle tiempo a nada, le ofreció cien monedas de oro. El muchacho no salía de su asombro. Regresó rápidamente al lado de la gran maestra para decirle que ella tenía razón: alguien le había ofrecido cien monedas de oro por la piedra. La gran maestra le respondió: «Para poder apreciar una piedra preciosa, hay que ser joyero. Sólo cuando seas un joyero podrás apreciar mis palabras».

A todos los que les han dado calabazas.

A todos los que no han sido apreciados en su justo valor, alguna vez en su vida.

A todos los que han creído que los de los bazares tenían razón, llegando a pensar que ellos eran piedras sin valor, en vez de darse cuenta de que eran los demás quienes no tenían desarrollada la capacidad para poder apreciar y reconocer su valía.

A todos los que se han sentido «patito feo» alguna vez en su vida.

A todos los que, siendo ángeles en la Tierra, son maltratados en su autoestima.

A todos los que buscan alcanzar la paz de espíritu.

Recuerda: la vida nunca nos da calabazas, sólo oportunidades para aprender a apreciar quiénes somos, reconocerlo y elevarnos por encima de la ceguera de los demás.

Hallar esta metáfora me ha ayudado a explicar a muchos, incluida yo misma, que por más «diamante extraordinario» que uno sea, se necesita siempre de un joyero experto que lo reconozca... Los demás, los no joyeros, pueden llegar a pensar que eres «circonita de la buena», pero nada más. No te conformes con una o varias tasaciones, llévate a un joyero experto. Pero, ante todo y sobre todo: conviértete en ese joyero experto e independízate de la opinión de otros.

Conozco a mucha gente que se siente —porque creen serlo— «circonitas», que no diamantes. Insisto en la tarea de inculcarles la creencia de que solamente alguien que aprecia su propia luz y la honra es capaz, a su vez, de apreciar y honrar la luz en otros. Se dice que somos capaces de reconocer en otros aquello que ya está reconocido en nosotros mismos. Por el contrario, todo aquello que nos disgusta en otros es un claro reflejo (proyección) de algo que en nosotros no está resuelto, o está todavía en estado de conflicto.

Los filtros de la realidad, la percepción de otras personas, están condicionados por las creencias que tenemos acerca de la vida y de nosotros mismos. Asimismo, las esponsorizaciones positivas o negativas que otros nos han ofrecido, y las creencias que, a partir de ello, hemos construido, conforman y colorean nuestra realidad. No podemos ver a los demás cuando no somos capaces de vernos a nosotros mismos. Y vemos a los demás a través del mismo filtro de creencias con el que nos observamos a nosotros mismos.

¿CÓMO CONVERTIRSE EN JOYERO?

Es un proceso largo que requiere compromiso y honestidad para con uno mismo, y mucha sinceridad.

Convertirse en joyero tiene que ver con aprender a amar al ser que todos llevamos dentro, a centrarse en desarrollar «eferencia interna», es decir, descubrir, apreciar y honrar nuestros dones, características, capacidades, habilidades y peculiaridades. Asimismo, consiste en aprender a respetar y aceptar incondicionalmente todos y cada uno de nuestros comportamientos del pasado. Nuestro presente se ha construido sobre la base de nuestras vivencias y de cómo las hemos archivado.

Sin la apreciación sincera y honesta de quiénes somos no es posible hacer lo mismo con otras personas.

Nos han enseñado a criticar, como única vía para la «motivación», y la crítica no suele ser precisamente constructiva. Desde ella nos acostumbramos a relacionarnos con nosotros mismos y con los demás, y solamente nos conduce a ver los defectos existentes en cada uno de nosotros, porque sombra tenemos todos. Pero recuerda siempre que amamos a las personas, pero no amamos sus comportamientos.

Muchas veces, las personas no soportamos la luz de los demás y, no pudiéndola poseer, lo único que se nos ocurre es tratar de apagarla. Craso error.

Los balineses (nativos de la isla de Bali) sostienen que las cosas nos las hacemos a nosotros mismos, no a los demás. Por consiguiente, la vida nos trata en función de cómo nos tratamos a nosotros mismos. Así que ya sabes: si lo que te devuelve la vida no te gusta, pasa a revisar cómo tratas a los demás.

Practica la referencia interna: busca en tu interior las creencias que tienes acerca de todo, y vive armonizado con tu congruencia. Los demás podrán estar en acuerdo o en desacuerdo contigo. Pero tu vida, la tuya, sólo te pertenece a ti, siendo tú quien decide cómo, cuándo y con quién quieres vivirla. Para eso es tuya: «Sólo vuela aquel que se atreve a hacerlo. Nunca te arrepientas de haber vivido. En todo caso, arrepiéntete de no haberte dado la oportunidad de haber vivido».

Las creencias pueden cambiarse, renovarse o tirarse a la papelera. También pueden lavarse y pulirse. Muchas de las creencias que albergamos en nuestro interior tienen procedencia de «referencia externa», es decir, nos las han dado otros —no son cosecha propia—. Búscalas y tíralas. Sí, tira las que no sean tuyas. Y verás qué fácil es ser joyero.

Conozco mucha gente que no cree en ella misma porque otros no creyeron en ellos: tuvieron patrocinadores negativos o demoledores de la estima. Es muy fácil acusar a los demás de nuestras incapacidades. Es muy fácil proyectar en otros las culpas de nuestras irresponsabilidades. Sólo cuando uno ha aprendido a amarse a sí mismo asume la responsabilidad sobre sus comportamientos, ideas, acciones, no-acciones, pensamientos y decisiones. Asimismo, coge al miedo y le planta cara, se lo lleva de copas.

Si tienes miedo, considera que es humano, y que éste tiene su intención positiva. Pero busca. Siempre busca en tu interior las referencias positivas, tus capacidades, tus recursos.

Has de decirte a ti mismo:

«si otro puede, yo también».
«todas las capacidades están dentro de nosotros».
«no existen los fracasos, sólo resultados».
«todo resultado es información».

No más calabazas desaprovechadas.

Has de ser tu mejor joyero.

Recuerda que nadie sabe tanto de ti como tú mismo. Cada persona es un Universo inmenso por descubrir, y para hacerse una idea del mismo uno ha de atreverse a observarlo con los ojos de la inocencia de un niño: sin prejuicios, con admiración, con deleite, sin reservas, con apertura. Así es como mira un joyero una piedra preciosa de excelente calidad.

A veces, las piedras preciosas están recubiertas de una capa de suciedad, pero un auténtico joyero siempre será capaz de reconocerlas, no importando las condiciones. El amor incondicional nos contempla con ojos que ven más allá de las máscaras, de los errores, de los comportamientos, viendo siempre la belleza que vive en el corazón de cada uno de nosotros.

SEGUNDA PARTE

LA REALIDAD

¿DE VERDAD CREÍSTE QUE EL CABALLERO IBA A VOLVER?

La realidad, a veces, es mucho mejor de lo que nos atrevemos a soñar. Sin embargo, primero tenemos que franquear el umbral del miedo a la desilusión, lo cual nos permitirá volar libres sin mirar hacia atrás, confiando solamente en el instinto mágico y en la certeza del alma. De este modo, un día de sublime amanecer, seremos capaces de disfrutar de esa realidad soñada.

Soñar los sueños del alma.

Soñar que el vuelo en libertad es construir nuestro destino.

Soñar es darle voz al alma y permitir el canto a la vida.

1

EN ESPERA DE QUE SUCEDA UN MILAGRO

¿De verdad esperabas que el caballero volviese?

¿Soñabas con que él se recuperaría de su incertidumbre vital y se lanzaría a resolver el acertijo de sus sentimientos y emociones en un breve espacio de tiempo?

Estas cosas sólo suceden en las novelas románticas, en la mente de gente soñadora, crédula y ajena a la realidad, o en las máquinas de escribir de los imaginativos guionistas de Hollywood, los cuales se empeñan constantemente en pintar el mundo de un imposible color rosa. Un ser humano no resuelve su acertijo vital en breves semanas. A veces no suele resolverlo ni en toda una vida. Por consiguiente, aunque a todo ser humano enamorado de otro le gustaría que la persona objeto de su amor regresase a sus brazos, enmendase la plana y se ajustase el corazón, en la realidad auténtica eso no suele ocurrir.

El milagro acontece cuando la persona, objeto de nuestro amor —ésa que a su vez nos niega su sentimiento— se aleja para no volver nunca jamás a nuestra vida.

«¿Milagro? ¿Dónde está el milagro si él o ella nunca vuelve a mí?», debes estar pensando.

Afortunadamente no siempre nuestros deseos se hacen realidad, porque de hacerlo no dejarían espacio a los auténticos, a los que de verdad aguardan que nuestro corazón les abra la puerta.

«Estás segura?», imagino que estarás cuestionándome.

Ciertamente, lo estoy.

Tan sólo has de observar el camino vital que has recorrido, y con toda seguridad hallarás, como mínimo, un ejemplo de algo que deseabas y que no sucedió. Y ésa fue tu gran suerte: que nunca aconteciera, que nunca te fuese concedido el deseo. De haber sucedido lo contrario, tu verdadero sueño nunca se hubiese hecho realidad. Generalmente, un «no» alberga la semilla del «sí».

Recuérdalo.

Realidad es, simplemente, el resultado de nuestra decisión sobre cómo vivir lo que nos acontece. La experiencia de la realidad es lo que guardamos en nuestras alforjas, y no otra cosa. Lo que ahí hay guardado es el cómo decidimos vivir o experimentar eso llamado «realidad» (lo que nos aconteció).

La realidad:

a) La reina inició una nueva vida, aunque sería mejor decir que simplemente prosiguió con la que ya tenía.

b) El caballero de armadura oxidada no tuvo valor para enfrentar sus sentimientos por la reina. Y lo más que acertó a hacer fue largarse a vivir a otro país —tal y como ella había predicho—, tratando de huir de sus miedos. En su ignorancia de armadura oxidada creyó que con la distancia de los kilómetros, el despiste de otro idioma, la comida y gentes de otras vivencias lograría conjurar sus sentimientos. Nunca más la llamó. Tan sólo le envió un correo electrónico de despedida. Ahora bien, en su despropósito de caballero de armadura oxidada le dijo a la reina que, si ella decidía llamarle, él estaría encantado de volver a verla... Evidentemente, cuando la reina leyó el correo sólo pudo sonreír y darle a la tecla «borrar». ¿Qué otra cosa, si no, era apropiado y sensato hacer? Semejantes declaraciones, explicaciones y propuestas, propias de un adolescente, no alcanzaban, ni por casualidad, al rango de «dignas de respuesta» por parte de la corona.

Era ya hora de vivir, de abrir la puerta al destino. La reina sonrió ante la inmediatez del sueño y la felicidad que proporciona saber que uno es sabio en su corazón. Por consiguiente, ella acertó al no mirar atrás ni quedarse cual Penélope alelada en la estación del tiempo de nunca-jamás esperando a un caballero que distaba muchas vidas de convertirse aún en rey.

A una reina el destino siempre le sonríe...

Será porque las reinas sonríen a la vida cada mañana.

El milagro que la reina esperaba no tenía nada que ver con que el caballero la volviese a llamar. Nadie en su sano juicio puede albergar la peregrina y pueril idea de que un caballero con armadura demasiado oxidada resuelva su acertijo interno en breves semanas... Sólo a una damisela de diadema floja se le podría ocurrir esperar al caballero o llamarle para rogarle amor. Era a ese tipo de comportamientos a los que el caballero estaba acostumbrado. Pero, ya se sabe: a una reina se le puede mover la corona, pero caer... ¡Nunca! Que se le caiga la corona a una reina significa, entre otras cosas, olvidar que no se puede realizar el proceso de madurar sentimientos y forjar el carácter en un breve tiempo. No es imposible, pero tampoco es muy probable. No se despejan dudas existenciales ni se entienden las emociones del corazón de la noche a la mañana... La reina lo sabía por experiencia propia... A ella le hubiese gustado que el caballero hubiese sido obsequiado por los dioses con el milagro de la iluminación existencial, pero siendo tan realista, tan juiciosa y plena de sentido común como era, sabía que los dioses la obsequiarían con algún regalo inesperado que en nada tendría que ver con aquél. Lo mejor que le podía suceder al caballero de armadura demasiado oxidada y temeroso de enfrentarse a su destino era que, por esta vez, los dioses le ignorasen y no le bendijesen con su luz.

¿Por qué?

Por la sencilla razón de que así su proceso existencial maduraría lentamente, con lo que, a su vez, tendría la oportunidad tanto de echar de menos a la reina como de reflexionar, en las largas noches de soledad vital, acerca de por qué una reina, que le amó, no le esperó ni le rogó su vuelta.

Supongamos que los dioses le concediesen la luz interior, la superación de los miedos y la integración de las emociones de la noche a la mañana. Con toda probabilidad no tendría que enfrentarse con su propia rabia interior, ésa que le había impulsado a maldecir y a culpabilizar a la reina. En su correo de despedida se podía observar cómo, sutilmente, agazapado entre líneas y parapetado detrás de palabras amables, vertía su rabia sobre la corona de la reina: «No voy a ser yo quien te diga lo que tienes que cambiar, o lo que está mal en ti...» (sic). Otra de las perlas fue: «Cuando una relación se rompe no hay que buscar culpables... Es porque ambos no han podido o no han sabido conjurar caracteres... Cuestión de incompatibilidad...» (sic). Todas estas tonterías de caballero apresado en sus miedos no se las creía ni él, puesto que el único que se había cargado la relación, el único responsable del desastre, era él, sólo él y nada más que él, le gustase aceptarlo o no. Pero, ¿de qué le iba a servir a la reina tratar de hacerle entrar en razón? De nada, puesto que él estaba henchido de orgullo machista, y ya se sabe: *«No hay más ciego que el que no quiere ver, ni más sordo que el que no quiere oír»*, y *«al viajero que parte, déjalo marchar»*. Por consiguiente, era mejor que los dioses mirasen para otro lado y dejasen que el caballero se estrellase contra el producto de su propia necedad. Si a él le encantaba cortejar damiselas de diadema floja, enredarlas en sus mentiras y pánico al compromiso, ¡allá él! Esto sería así hasta que un día su alma llorase amargamente la ausencia de la reina. Ese día se abriría la puerta de la salvación para su corazón. Pero, hasta entonces, ningún dios ni hada alguna le echarían una mano... Le dejarían a solas con su inercia vital, con su estulticia humana, y que se las siguiese dando de «guapo caballero rescatador de damiselas de diadema flojísima...». Aún no era digno de una reina ni estaba dispuesto a hacer el esfuerzo que ello conllevaba. Cada uno escoge su destino... Y él había conjurado el suyo. Él, que nunca quiso que le saliesen «quistes en el corazón» como a otros amigos suyos, había generado solito dichos temidos quistes al fomentar el miedo a amar unido a la ausencia de responsabilidad.

Pero ya se sabe, no podemos amar cuando nuestro corazón está encerrado en una armadura de oxidado miedo a vivir y a sentir nuestra vida. Ni todas las excusas del mundo pueden disolver la armadura, que sigue ahí impertérrita. Nada ni nadie puede conjurar nuestra armadura, solamente nosotros mismos. El caballero había preferido mirar en otra dirección, puesto que le era más cómodo y le facilitaba el arrastre de su armadura oscura y odiada. Su caparazón de hierro le quitaba el sueño, le apresaba el alma y le desquiciaba el sentido obligándole, cual esclavo sin remisión, a ir de damisela en damisela en busca de emociones fuertes que le devolviesen la ilusión de una vida yerma de felicidad auténtica.

Iluso.

Ni toda su inteligencia académica le serviría para madurar las emociones. En su despiste emocional, estaba convencido de que bastaba con aprender una lección a nivel cognitivo... Y, ya se sabe: «La información es rumor hasta que está en el músculo, que es cuando es conocimiento». Él ignoraba esta realidad, pues sólo un memo emocional razona así.

Y, por desgracia, él lo era.

La reina cerró la puerta del castillo tras él, dándoles a sus colaboradores la orden de no permitirle entrar de nuevo en el castillo mientras estuviese encerrado en su armadura. Ella sabía que eso equivalía a decir: «Hasta la próxima vida...». Más o menos.

Vamos, pues, al milagro.

Hecho el primero, los dioses ya podían concentrarse en el segundo.

¡Oh! Quizás este relato de la realidad, o su versión de la misma, te ha podido encoger el corazón... ¿Todavía esperabas que la historia de amor entre la reina y el todavía caballero de armadura demasiado oxidada terminase con un «fueron felices y comieron perdices» al más puro estilo tradicional? ¿Crees que él recapacitó —durante su estancia en el país al que había emigrado— regresando a buscarla, aunque fuese en otra vida...? ¿Cierto?

Lo siento.

Eso no sucedió.

Muchas veces, eso no sucede jamás.

La creencia que reza: «*Él (o ella) volverá cuando se haya dado cuenta de lo que ha dejado y perdido al marcharse*», más les valdría a muchas mujeres, y a muchos hombres, desterrarla para siempre de sus corazones. No hay que esperar al que se ha ido. Como reza un dicho alemán: «Al viajante que parte, déjalo marchar». En vez de agarrarnos a la sentencia popular de «no sé cómo ha podido dejar a alguien como yo», con la cual acostumbramos a sellar la despedida de otros de nuestra vida, haríamos bien en soltarla y, en su lugar, agarrar otra más potenciadora de la autoestima, que debería decir algo así como: «*Se ha ido porque no puede apreciar a alguien como yo. Mejor así. Porque, ¿para qué habría de querer yo en mi vida a alguien que no sabe, ni quiere, ni le da la gana —y está en su derecho— amarme y valorar la singularidad del ser humano que soy?»*. Deberíamos querer que nos amen sólo aquellos que están dispuestos a amarnos, a valorarnos y a arriesgarse a hacerlo.

Ahora bien, lo que nos gustaría no es siempre lo mejor para nosotros.

Recuérdalo.

A veces, el destino tiene preparada una sorpresa aún mejor. No siempre lo mejor para nosotros es lo que deseamos en un momento determinado de nuestra vida. Ya te conté que la reina era una mujer sabia, como corresponde a un alma evolucionada. Por lo que, sabiendo que todo sucede de acuerdo con nuestro mejor bien y cuando ha de acontecer, decidió seguir adelante con la certeza de que si el caballero era su destino, así sería. En caso contrario, su auténtico destino no iba a permitir que ella se quedase sin recibirlo. Su ángel custodio tenía que ahuyentar al caballero de la vida de la reina, y también de su corazón. Dado que nada sucede sin un por qué —todo problema encierra la semilla de una oportunidad—, imaginemos que el caballero había aparecido en la vida de la reina porque ésta tenía algo que enseñarle, como en una especie de «compromiso del alma» con el caballero de armadura demasiado oxidada, y nada más. Un compromiso que versaba sobre la entrega de magia, enseñanza vital o apertura de las mazmorras interiores... De hecho, la presencia de la reina supuso, en el caso del caballero, una fuerte sacudida de sus estructuras vitales. No en vano, ella, al ser alguien diametralmente diferente de todas las que había conocido anteriormente en su vida, le dejó boquiabierto el sentido y mareada la armadura. Asimismo, dicha sacudida puso de manifiesto la debilidad de sus coartadas, la incertidumbre de su vida y la inseguridad de su máscara vital (personaje de protección creado por su Ego), ya que ésta se quebró con demasiada facilidad ante la luminosidad de la reina. Por consiguiente, cumplido el compromiso, la reina quedaba liberada para poder seguir hacia delante sin tener que esperarle.

Y así lo hizo.

Si te gustan las historias de amor, tengo que seguir contándote la de la reina. El destino nunca deja de lado a una reina, nunca. Sencillamente, porque una reina no se deja a sí misma de lado jamás. No dejarse de lado significa asumir responsabilidades, analizar el qué, cómo, dónde y con quién en vez de culpabilizarse. Todo esto equivale a hacer un análisis somero de la situación, evaluar los daños, decidir una estrategia para reparar lo reparable e idear cómo evolucionar a partir de la experiencia. Evidentemente, la reina meditó tanto acerca del significado del paso del caballero de la armadura demasiado oxidada por su vida, como sobre la oportunidad de aprendizaje contenida en la experiencia. Ya se sabe que la vida no es cómo experimentamos las cosas que nos suceden, sino qué hacemos con dicha experiencia.

Ya te adelanté que ella abrió la puerta a su destino. Y, si bien parece y es una metáfora, no deja de ser, asimismo, una literalidad como la vida misma. La reina le abrió la puerta. Ella se tenía a sí misma por una «abrepuertas»: abría a las personas a una realidad muy nueva y evolucionada de sí mismas. Las reinas alcanzan dicho rango cuando se colocan la corona. A pesar de que el protocolo real hable de abrir la puerta y cederle el paso a una reina, es ésta quien, por paradójico que parezca, abre la puerta a los demás concediéndoles la oportunidad de ser admitidos en el castillo, poniéndoles en contacto con excelsas estancias interiores, o elevándoles a la torre del homenaje de sí mismos.

Me dejaré de metáforas y te contaré lo que sucedió. No sin antes decirte que la reina tenía un sueño...

A la reina solía aparecerle, en sueños, un hombre de bella alma que le decía que la amaba desde los inicios de los tiempos. Un hombre en cuyos impresionantes ojos aleteaba la mirada de un ángel. Un hombre cuyo cabello ondulado se enredaba en el viento de la libertad que proporcionan las alas de un alma que rige su propio destino. Un hombre cuyo cuerpo excelso abrazaba el atardecer mientras ceñía su corona de guerrero y su alma con una sinfonía de evoluciones en el corazón de las profundidades ancestrales de la luz. Es fácil entender por qué la reina, cada vez que soñaba con este rey, abría los ojos con una luz nueva en sus mañanas. Durante un tiempo dejó de creer en sus sueños, y todo porque no lograba hallarle en eso llamado realidad. Ella había concluido que, dado que después de tanto tiempo no se había presentado en su vida, ya no lo haría...

¡Craso error!

Pero es duro seguir manteniendo la esperanza cuando eres una reina o una dama que lleva mucho tiempo esperando a su caballero...

Las damas nunca deberían dejar de creer en sus sueños.

Ni las reinas tampoco.

Ni los caballeros, tampoco.

Ni los reyes, tampoco.

En verdad, nadie debería dejar de creer en sus sueños...

Nadie.

A raíz de que la reina se lió con el caballero de armadura demasiado oxidada por haber dejado de creer en sus sueños, el rey dejó de aparecerse en ellos...Consecuentemente, ella se sintió como perdida. Tantas pistas acerca de su lugar de procedencia. Tantos datos acerca de su personalidad física y entorno social. Tantos guiños del destino. Pero nada, la reina *andaba más despistada que un pulpo en un garaje*, lo cual no es para menos. Cuando un alma evolucionada envía señales telepáticas a otra alma evolucionada en el dominio de los sueños, una de las dos, si no ambas, puede acabar muy despistada. De todos es sabido que el lenguaje de los sueños es ciertamente desconcertante por tratarse de un lenguaje abstracto y metafórico que hay que abordar desde la singularidad de la imaginación y la oportunidad de la metáfora. Y aún con todo eso se nos enreda su destino, y todo porque el significado, en muchas ocasiones, es demasiado obvio, simple e impactante. Por consiguiente, miramos para otro lado y suspiramos aquello de: «¡Ay! ¡Qué difícil es interpretar los sueños!». Nada de difícil, pues son ellos los que nos interpretan a nosotros...

Pero volvamos a la puerta y su apertura.

La reina se fue a otro país. Lo decidió sin esperar a que el caballero de la armadura demasiado oxidada la llamase. Ella sabía, a ciencia cierta, que nunca lo haría. Por tanto, se fue con otras hadas hermanas a solazarse y a darse un respiro vital. Quería despejarse la nariz de olores caducos y olvidarse del mal sabor de boca que la relación con aquel caballero de armadura demasiado oxidada le había dejado.

La reina se ajustó la corona y se largó a otros reinos a bailar la danza de amor de las hadas y reírse de las cosas que tiene el destino. Los *cappuccinos* estaban deliciosos, sabían mejor en Italia, ¡qué duda cabe! Y la pasta era inmejorable cocinada en su propia energía. Y aquellas risas repletas de la creatividad y el ingenio mediterráneo que pueblan las almas de los italianos y enaltecen sus corazones... ¡Oh, la *dolce vita*! La reina se sentía volar en aquellos aires repletos de promesas y de nuevos horizontes. Decidió que ya era hora de alzar el vuelo, ceñirse la corona y encarar al destino.

Había transcurrido cierto tiempo desde que ella estaba alojada en el castillo de una amiga. Un tiempo envuelto en dicha, sorpresas, encuentros mágicos y palabras llenas de alma. Mas nada era comparable a lo que estaba aún por llegar.

Fue una tarde de brumosa lluvia, un poco fría y entristecedora, de esas en que las reinas no son capaces de reconfortarse a sí mismas ni yendo de compras. Vista la brumosidad de la tarde y dado que no le calmaban el ánimo ni las compras ni los *cappuccinos,* ni la magia de los pintores del renacimiento, la reina decidió que lo mejor sería irse a la catedral a ponerle una vela a la *Madonna dill'Aiuto.* Quería dejarse abrazar por la ternura de la energía que desprendía toda la gente que entraba en oración dejando fluir el alma al abrigo de la comprensión silenciosa del recogimiento que, sin decir palabra alguna, alcanzaba a todo aquel que alzaba su corazón en busca de paz, sosiego, calma o alegría. La reina encendió una vela y, en aquel mismo instante, una luz se encendió en su corazón... Era la luz de su olvidado sueño que, por la puerta recién abierta, entraba sin pudor y con brincos de nuevo amanecer. Una puerta abierta deja entrar la sorpresa, la luz, lo olvidado, el destino, todo...

La reina estaba alojada en casa de una amiga, y las princesas (su amiga era princesa) suelen tener muchas y variadas visitas. Así sucedió que, un día, un amigo de la princesa fue a llevarle a ésta un regalo, y se encontró con una sorpresa: *la reina, nuestra reina, fue quien le abrió la puerta.* Y, al hacerlo, le sonrió mirándole a los ojos desde la profundidad de su alma. No obstante, a la reina también le miró el destino a los ojos desde la profundidad del alma mientras le sonreía.

Dos almas en baile.

Dos almas envueltas en una sonrisa eterna.

Dos almas y una puerta que les conectó en la realidad terrena.

Así fue como, en un breve lapsus de tiempo, el caballero de armadura demasiado oxidada pasó a ser historia, una historia ciertamente muy remota y olvidada.

*Los milagros existen, y suceden cuando menos
te lo esperas, donde menos los buscas
y a través de quien nunca sospecharías...
¡Los milagros suelen pillarte por sorpresa!*

2

¿QUÉ HACE UNA REINA
CUANDO ABRE LA PUERTA A SU DESTINO?

Ante todo, no tirarse en plancha a la piscina.

¿No?

No.

Esto equivale a no dar por sentado que, por tratarse del destino, haya que olvidarse de recorrer el camino del conocimiento. A nivel de alma pueden conocerse, pero tendrán que descubrirse a nivel terreno. Por consiguiente, para desvelarse, ante todo han de tranquilizarse.

¡Uy, qué sensata y racional se nos había puesto la reina!

No era para menos después del coscorrón que se había propinado en toda la corona con el caballero de la armadura demasiado oxidada, aquel que había pasado a ser historia y cuya imagen había sido instalada convenientemente en el real museo de los horrores.

Es curioso, pero cuando el destino llama a nuestra puerta nos entra de todo menos ansiedad.

La reina sabía muy bien que cada vez que algo estaba en su destino —no importaba lo que fuese— a ella la embargaba un sentimiento de certeza y de serenidad dejándole el alma en muy buen estado de ánimo. Esto no quería decir que careciese de entusiasmo, o del efecto «mariposas en el estómago», pero éstas eran ciertamente equilibradas y rítmicas. Podríamos denominarlo el efecto «arco iris», pues nos regocija el alma y nos da alas de libertad envolviéndonos el corazón de éxtasis y dotando al ansia de equilibrio. Esto es lo que le sucedió esa tarde cuando le conoció. La alegría le envolvió el corazón elevándola por encima del espacio y del tiempo, haciéndola danzar, por la estancia, al compás de la eternidad y de la magia en compañía del rey. Desde fuera podía vérseles como dos niños mágicos cuyas alas en los pies les elevaban hasta cruzarles a otra dimensión en la que se miraban y se sonreían sin necesitar saber por qué. Sólo sabían que se sonreían sin poderlo evitar. Sólo sabían que sentían que la alegría les había estallado en todas y cada una de las células del cuerpo, dando brillo a sus ojos y color a sus sonrisas. Una fuerza extraña y poderosa les acercaba como si quisiera atarles y no dejarles marchar en dirección distinta.

Sólo podían mirarse a los ojos...

Nada más.

Ojos envueltos en sonrisas.

Sonrisas aderezadas de guiños mágicos.

Danza silenciosa.

Encuentros.

Aquella tarde la puerta se abrió de par en par al destino.

Aquella tarde la reina cruzó el umbral.

Eran las siete y algo cuando sonó el timbre de la puerta del castillo de la princesa, y ésta pidió solícita a la reina que fuese a abrir. La reina fue a su ritmo regio, al compás de su propia melodía vital hasta la puerta, tomándose su tiempo para asir el pomo de la cerradura y descorrer el velo del destino. Abrió la puerta con parsimonia y se tomó, asimismo, su tiempo para echar un vistazo al caballero que galantemente depositaba su regalo en el umbral del castillo de su amiga. Alegre y pizpireta como era y se sentía aquella tarde, no reparó en el caballero hasta que éste alzó su regia cabeza y fue directo al encuentro de los ojos de la reina.

Fue todo un amanecer cósmico.

¡El encuentro de dos galaxias!

Ojos en el firmamento del destino.

Sus miradas se encontraron y estalló la risa en sus labios.

Fue tan sólo el comienzo de la magia.

El despertar del sueño.

Fueron minutos eternos en su latido.

Pero ambos tuvieron suficiente para querer volverse a ver.

La reina y su amiga el hada tenían una cena aquella noche con otras personas. Él, el rey, había quedado con un amigo suyo. Pero ninguno de los dos quería soltar el hilo del destino, se habían aferrado al mismo y seguían mirándose a los ojos sin poder parar de sonreírse mutuamente.

La reina le pidió que la acompañase al día siguiente al aeropuerto. Al rey le faltó tiempo para decirle que sí. Sin embargo, el rey no pudo esperar al día siguiente para volverla a ver... Así que, cual Cenicienta a las doce, se presentó en el castillo de su amiga para rogarle que le dejase ver a la reina... Quería verla una vez más antes del amanecer del nuevo día. Esperar ocho horas más para poder contemplar de nuevo el bello rostro de la reina, sus hermosas alas de luz, sus excelsos ojos y su preciosa sonrisa se le antojaba una tortura insufrible. La amiga de la reina estaba perpleja porque nunca antes había visto así al rey. Creía que «se había tomado algo», pues parecía un niño dando vueltas alrededor del árbol la mañana de Navidad, muerto de impaciencia por abrir los regalos...

El rey había decidido abrir el regalo la víspera, por ello fue a ver a la reina y presentarle sus respetos antes del alba del nuevo día, ese en el que la acompañaría en su vuelo de libertad.

Entre el quinto y el sexto día.

A la hora mágica del atardecer.

La flor de Lis...

El renacimiento y sus pintores.

El río de la vida.

Y el nuevo día amaneció.

Tenías que haber visto la cara del rey cuando, a la mañana siguiente, fue a buscar a la reina para llevarla al aeropuerto. Se le iluminó el semblante nada más verla y comenzó a canturrear. Era un día hermoso, con un sol tímido pero decidido a danzar con el destino celeste su magia solar. Las montañas dibujaban su abrazo en el horizonte y el blanco suave de la nieve se recortaba contra el azul de un cielo envuelto en rayos de sol. Ellos dos, los niños eternos, jugaban con las palabras y las risas de sus corazones, mirándose desde el fondo del alma, acertando sólo a decirse el uno al otro que el tiempo les mostraría la verdad de sus respectivos destinos. El rey quería volver a verla y le rogó que le llamase en cuanto regresase al castillo de su amiga. La reina le sonrió y le respondió afirmativamente. Si por ella hubiese sido se hubiese quedado por siempre jamás envuelta en los ojos del rey y danzando en su sonrisa.

El avión despegó.

Sobrevoló las montañas de suave brisa celeste, y el blanco se hizo más intenso al contacto del azul más puro. Ella sonreía, se sentía viva en la certeza del sueño.

Le pegó una patada al pasado, mandándolo muy lejos para que así no pudiese regresar nunca jamás.

Se despojó de la tristeza que le dejó el caballero de la armadura demasiado oxidada en su corona de reina.

Sacudió las alas y las abrió de nuevo.

De nuevo, en toda su extensión, era una reina.

Se juró a sí misma que volvería a hacer una y otra vez lo mismo: ser siempre ella. Su autenticidad y coraje la habían librado del abrazo mortal del caballero de la armadura demasiado oxidada, puesto que éste había salido huyendo de su luz.

Nunca dama alguna debería traicionarse para albergar en su castillo a un caballero de pretendida nobleza sin haberle antes bañado en la pócima de la verdad. La reina, se sentía muy satisfecha de sí misma, ya que siendo quien era y mostrándoselo sin rubor al mundo, se había permitido librarse de una relación que sólo le hubiese traído complicaciones y noches de insomnio, amén de alejarla de su verdadero destino después de haberla despojado de la memoria del sueño y de la esperanza de su promesa.

3

REINAS DEL MUNDO: YA ES HORA DE QUE OS PONGÁIS EN PIE Y OS
COLOQUÉIS LA CORONA

«Cuando perdemos el contacto con la psique instintiva, vivimos en un estado próximo a la destrucción, y las imágenes y facultades propias de lo femenino no se pueden desarrollar plenamente. Cuando una mujer se aparta de su fuente básica, queda esterilizada, pierde sus instintos y ciclos vitales naturales, y éstos son subsumidos por la cultura o por el intelecto o el ego, ya sea el propio o el de los demás.»

CLARISSA PINKOLA ESTÉS,
*Mujeres que corren con los lobos**

Sé de las mentiras que os han contado. Estoy al tanto de las creencias que os han inculcado... Y a ellos, los reyes —porque haberlos, haylos—, también. No os creáis que sólo a vosotras os han contado mentiras y os han pretendido meter en cintura. A ellos también les han comido el tarro con ideas caducas. Mientras haya mujeres que vayan por la vida de damiselas de diadema floja, habrá hombres que sólo serán caballeros de armadura demasiado oxidada. ¿No? ¿Tú no opinas así? Tienes derecho a opinar lo contrario. Pero déjame que te cuente.

* Ediciones B, Barcelona 2000.

Toda mujer que no se tiene por reina o que cree que ser reina es mandar a paseo al caballero o hacerle las jugarretas emocionales que ellos —los caballeros de armadura demasiado oxidada— suelen hacer (como no llamar, mentir, no devolver las llamadas, llegar tarde, no llegar nunca, no cumplir la palabra dada, dejar al otro tirado, escaquearse, tener varios planes alternativos, fingir emociones, hacer declaraciones de amor sin sentirlas, quedarse en una relación porque no hay nada mejor, quererle en función de lo que haga o no haga, tener relaciones múltiples o abiertas, etc.), no es reina sino dama de diadema asfixiante.

Una reina no se enreda en jueguecitos de seducción, ni finge, ni miente, ni se esconde, ni agacha la cabeza, ni transige chantajes emocionales ni los hace... Una reina se mantiene en su trono hasta cuando caen chuzos de punta y no se quita la corona ni para dormir, aunque ello suponga estar sin pareja.

La máxima de toda corona es: *Antes sola que con cualquier mendigo emocional.*

«Pero ellas también se enamoran de caballeros de armadura demasiado oxidada... ¿No es cierto?», estarás pensando.

Cierto.

Enamorarse, se enamoran. Pero no se quedan atrapadas en la relación: a pesar de estar enamoradas, se largan. Por consiguiente, o le echan el cierre o lo propician con su negativa a tragar las migajas que los caballeros de armadura demasiado oxidada les ofrecen a modo de premio de consolación. Por cierto, los caballeros de armadura demasiado oxidada saben —por estar muy habituados a ello, cuestión de prueba empírica— que siempre habrá una damisela de diadema floja dispuesta a abrirles los brazos y a ejercer de coartada para su corazón demasiado oxidado de miedo, que es lo mismo que decir que aceptará y transigirá con una relación a la que le se puede aplicar cualquier adjetivo menos el de comprometida y auténtica. Y que quede claro que no me estoy refiriendo a papeles, matrimonio legal y esas cosas. No. El compromiso es otra cosa. Ellas, las damiselas de diadema floja, tragan con tal de no estar solas en algún sentido, pues creen, en su ignorancia de inmadurez emocional, que si le aguantan todos los despropósitos, él acabará por sentirse en deuda con ellas y las desposará, es decir, les dará su apellido e hijos, lo que equivale a dotarlas de significado frente a la sociedad. Por cierto, una sociedad muy machista y racista en la que una mujer soltera no vale lo mismo que una mujer casada. Porque a nadie le importa (¡cómo le va a importar a nadie si ni siquiera le importa a la interfecta!) que esté mal casada, es decir, casada sin amor, sin cariño, sin dignidad, sin afecto... Sólo cuenta la posición social y tener cada noche al lado un cuerpo que respira. Hay que tener a alguien con quien ir a bodas, bautizos, comuniones y entierros... No está bien visto ir sola por la vida, porque eso equivale a ser una fracasada.

Toda mujer que no tiene pareja es porque no merece la pena —«algún defecto tendrá», argumentan los y las machistas—. Y «no merecer la pena» equivale a fracaso existencial y emocional.

Ahora bien, ¿cómo va a ser posible hallar a hombres que merezcan la pena si estamos contribuyendo a que no existan?

¿Es posible?

Ciertamente.

Reinas del mundo: ¡Levantaos y poneos la corona ya de una vez!

Seremos pocas, pero existir, existimos.

Ha llegado el momento de hacer la revolución.

Ni casadas ni solteras.

Ni divorciadas ni viudas...

¡LIBRES!

Lo importante es ser feliz.

Si eres feliz, eres la reina de tu vida, y eso es lo que importa.

No te niegues la vida, no te quites la corona para parecer menos alta y que así tu caballero de armadura demasiado oxidada se sienta cómodo en su altura junto a ti. Si él quiere aprender a ser rey, envíaselo a una *coach*.

En caso contrario, mándaselo de vuelta a su mamá (a buen seguro que se trata de una mujer que no ha querido o no se ha atrevido a ser reina). Pero no te bajes de rango, no te quites la corona y te pongas la diadema floja ya que sólo conseguirás aflojarte la dignidad y eso lo pagarás muy caro con el tiempo.

Elige.

Tienes derecho a elegir.

Cásate, líate, enrédate, emparéjate... Pero sólo por amor. Si él te ama como a una reina, si te corteja y te trata como a una reina, entonces... sigue con él. Pero aléjate si pretende rebajarte, si te critica o ningunea, si algo tuyo es blanco de sus iras o frustraciones, si se mete con tu familia o con tu corona... Sólo un rey se sentiría orgulloso de tener a una reina como tú en su vida. Por consiguiente, si él no se siente orgulloso de ti y un elegido de los dioses, no le alojes ni un minuto más en tu castillo... Mándalo de vuelta a su mamá, pégale un puntapié o envíalo a la escuela regia.

Nunca jamás te quites la corona.

Ni se te ocurra hacerte eso a ti misma.

Una reina no lo es simplemente por llevar corona. No. Lo que le da el rango de reina es la libertad, la dignidad y la autenticidad. Una reina es libre para dictar su destino, para sentir lo que siente, amar a quien ama. Por eso no se cuenta historias y decide cómo hace su vida en todo momento. Una reina, como tiene dignidad, no se rebaja a comer las migajas que le ofrece un caballero que, pensando que está muerta de hambre, le aceptará cualquier cosa con tal de no estar sola.

Una reina siempre tiene por compañía a su dignidad, lo cual la hace apostar perpetuamente por sí misma, se escoge a sí misma. Puede amar, pero en todo caso se ama más a sí misma. Esa dignidad es la causante de que acepte el dolor de las rupturas, de los sueños rotos, y opte por dedicarse a la recuperación de sus heridas y a cuidar de su corazón en vez de lanzarse a los brazos del caballero de armadura demasiado oxidada suplicando clemencia (léase: «No me dejes»).

Una reina es auténtica porque siempre es quien es en verdad: lo muestra sin pudor y con alegría. Jamás finge ni esconde sus dones, sino que alardea de ellos. Si ama, ama, y lo hace sin condicionantes ni conservantes (estatus social, sueldo, posición, casa, etc.).

Una reina no va de reina.

Simplemente, es reina.

Y ello se ve en sus comportamientos. Nunca hace lo que las damiselas de diadema floja, nunca... Excepto si se le ha emborrachado la corona, y eso raras veces ocurre... Aunque nunca se sabe. ¡Hasta la corona más corona a veces puede irse de copas! Pero a una reina suele bastarle con una resaca.

Enamorarse, sí.

Quedarse a merced de los caprichos del caballero de armadura demasiado oxidada, nunca.

¿Nunca?

Nunca.

Jamás de los jamases.

Reinas del mundo: ¡Alzaos y poneos en pie de corona!

Si estás harta de ser damisela de diadema floja, para empezar, ¡tira la diadema floja! Y manda a paseo a tu caballero

139

de armadura demasiado oxidada. A continuación, vete a las clases de una *coach* a aprender a vivir tu vida y a restaurar la dignidad perdida.

Aprende a enfundarte la corona.

Estírate en toda tu extensión.

Eres quien eres, y lo mejor que puedes hacer es recuperar tus instintos salvajes, asumir tus dones y ejercerlos.

Si eres de las que cree que por ser mujer has de aceptar las reglas del juego maldito de la seducción machista (no dar los primeros pasos, no mostrar tus sentimientos, hacerte la difícil...), plantéate la siguiente pregunta-reflexión: ¿Qué tipo de hombre se siente atraído por una mujer que se hace la difícil, se esconde, es reactiva, no toma la iniciativa, finge ser medio lerda y, además, es una depresiva emocional necesitada de alguien que le haga los deberes que debería haber hecho ella, esto es, ocuparse de averiguar quién es y qué quiere en la vida?

Yo tengo una respuesta.

¿Cierto?

Cierto, como que cada día sale el sol. Me la dio una reina que recuperó la corona y se la fijó con pegamento mágico para que nunca jamás se le volviese a caer, perder o extraviar.

Ésta es la respuesta regia: el tipo de hombre que se siente atraído por una mujer con ese comportamiento (damisela de diadema floja), es un caballero de armadura demasiado oxidada. Se trata del perfil de hombre del que muchas mujeres huyen pero cuya especie todas ellas ayudan a mantener en perfecto estado de conservación.

Algunas mujeres, por no estar solas o por lo que sea, les siguen el juego a los caballeros de armadura oxidada:

1. Les hacen de mamás —muchos aún no tienen resuelto el conflicto psicológico-emocional con la madre—; necesitan a una mujer que les cuide, les trate como adolescentes (ellos ligan con otras, salen y entran) y les arrulle cuando lleguen de madrugada a casa —todavía sacudiéndose de encima los aromas de otro territorio y las briznas de otra piel—, y finjan ser comprensivas con sus desliices varios, como lo haría una madre entregada y abnegada (como las de antes).

2. Les hacen de terapeutas (tratan de ayudarles a madurar, tema que deberían asumir ellos, además de pagar por ello, caso de que quieran recibir terapia o *coaching*) sin serlo, y aunque lo fuesen nunca hay que mezclar corazón con profesión.

3. Les hacen de amigas fieles con derecho a cama olvidable —obviamente, para ellas—, prestándose al juego de «nos vemos cuando nos apetece». La verdad sea dicha: le apetece más a él que a ella, pues ella estaba esperando ansiosa su llamada. Apenas él le propone algo, ella se tira en plancha a decir que «sí». Pero no existe ningún tipo de compromiso, ni lo habrá. Y se prestan y transigen con el juego porque albergan la secreta esperanza de que algún día la historia cambie y vaya a más: «Se comprometa conmigo y tal vez nos casemos...».

4. Les hacen de cocineras maravillosas. («Le conquistaré por el estómago y le nublaré el corazón con los mimos, haciéndole ver el hogar tan fantástico que puede tener conmigo, y que yo soy la madre ideal para sus hijos...»)

5. Se rebajan la inteligencia. («No le mostraré cuán inteligente soy ni mis dones para que no se sienta amenazado...»)

6. Se hacen las necesitadas: esconden la proactividad, lo valientes, decididas, emprendedoras, fuertes y capaces que son, todo con tal de que no se asuste y salga huyendo de su lado...

Mujeres: si algo o todo de lo antes relatado os resulta familiar y es la base de vuestra relación con un hombre, ¡daos por muertas! (Emocionalmente hablando.) Ya podéis ir olvidándoos de la corona de por vida. No hay nada peor que una mujer que se despoja a sí misma de su esencia y de su luz por no «asustar» a un caballero de armadura demasiado oxidada.

«¡Ah! ¿Pero existen los reyes?», te preguntarás.

«¿Quieres contribuir a que existan?», te respondo, a mi vez, con otra pregunta.

A todos y a todas nos gusta que nos amen. Cierto.

Y no es menos cierto que nadie querría que su sueño se trocase en pesadilla sin final. Pero a muchas mujeres tener un hombre en su vida, o querer tenerlo, les llena el alma de negruras, haciéndolas vivir permanentemente a la intemperie, sin descanso ni tregua alguna de una guerra sin cuartel en la que uno camina constantemente sobre un campo minado.

¡Uf! ¡Menudo panorama!

Y todo por tener pareja.

No importa quién, pero alguien.

Me cuentan de mujeres maravillosas que van detrás de hombres ricos, guapos e inteligentes.

¡Fantástico!

¿Por qué no habría de serlo?

¿Acaso las mujeres no tenemos derecho a ir detrás de un hombre o de interesarnos por ellos igual que ellos hacen por nosotras...?

¿Qué hay de malo en que una mujer inteligente, guapa y elegante le tire los tejos a un hombre ídem?

En principio, no hay nada de malo.

Sin embargo, si a un hombre o una mujer a quien varias o varios cortejan se le hincha el ego, no estamos frente a un rey o una reina, sino frente a un sapo o una sapa, aspirantes a algo que no sé yo si llegarán a alcanzar.

Toda mujer está en su derecho de tomar la iniciativa, y si ese hombre objeto de su iniciativa huye de ella y, en su lugar, le da la vuelta a la iniciativa usándola como arma arrojadiza, saca partido, la usa para hincharse el ego, huye de ella, o cualquier cosa que no suene a comportamiento digno de un rey, cabal, sensato, buena persona, sincero, de fiar, congruente, debería ser dado por sapo, o sea, caballero de armadura demasiado oxidada.

El mundo ha cambiado, ha vuelto al modelo de la sociedad egipcia de la época de los faraones, cuando mujeres y hombres eran iguales en todos los sentidos, aspectos y derechos. Nos diferencia el cuerpo físico, pero nuestras almas son iguales, nuestras necesidades de afecto, dignidad, respeto, amor y reconocimiento son idénticas. En un mundo donde, supuestamente, reina la igualdad auténtica, no debería castigarse con la pena de la soledad y el aislamiento emocional a una dama que tome la iniciativa y corteje a un caballero.

Mujeres del siglo XXI: ¿Reinas o damiselas de diadema floja?

Vosotras escogéis.

Es fácil ser damisela de diadema floja, infinitamente más fácil que ser reina de perpetua corona. Y lo es por la sencilla razón de que la sociedad aplaude a las damiselas, pues tiene un papel muy claramente definido para ellas y, encima, las anima a perpetuar el alelamiento de su alma, mientras que las reinas han de crearse el papel ellas mismas. Además, no hay mucho rey por ahí suelto. A esto hay que añadir que mucho rey, a su vez, harto de heridas de diademas oxidadas, acaba por ser presa de la desesperación que le produce no hallar reina alguna entre tanta damisela de diadema floja. Así pues, ese rey, en su búsqueda, termina por concluir lo mismo que las reinas que no hallan reyes: no las hallan, sencillamente, porque no existe la especie «reinas».

Ya se sabe: Mejor solo que mal acompañado.

Cierto.

Muchos caballeros de armadura demasiado oxidada nunca llegarán a reyes porque en su camino se les ha cruzado una damisela de diadema floja que les ha enredado en su necesidad de ser rescatada haciéndoles olvidar que tenían el potencial de ser reyes (y ellos lo han consentido). Al fin y al cabo, ¿a quién no le gusta una damisela de diadema floja que te necesita, no puede vivir sin ti, te será siempre fiel, es menos inteligente que tú y cuya presencia te hace creer que no necesitas madurar ni aprender a comprometerte emocionalmente porque ella te lo aguanta todo, además es mona y siempre está a tu sombra y no te hace sentir menos delante de tus amigos...?

Hombres, respondedme con sinceridad: ¿A quién no le gusta una mujer así? Aún no he conocido a ningún caballero de armadura demasiado oxidada al que no se le ajuste la declaración anterior. Y, dado que hay tantas damiselas de diadema floja, siempre habrá un rey menos...

¿Por qué un caballero de armadura demasiado oxidada llega a decidir dejar de serlo y hacerse rey?

Buena pregunta.

Razones varias, a saber:

Se hartó de tanta damisela de diadema floja.
Es un alma muy evolucionada.

Se hartó de que le usaran como salvavidas o de seguro.
Se hartó de ser consorte y tapahuecos emocionales.
Se hartó de que le asfixiaran el alma con demandas imposibles de satisfacer.
Se hartó de manipulaciones psicológico-emocionales.
Decidió emprender el camino de la libertad personal.
Se atrevió a mirar en su interior.
Descubrió la magia del amor incondicional.
Hubo alguien que le amó de verdad.
Bajó a los infiernos de su inconsciente.
Asumió la libertad de su vida terrena.
Decidió ser responsable de su destino.
Es un líder del alma.
Se atrevió a usar sus talentos.
Se ha labrado su felicidad.
Un día alguien le entendió y comprendió, y eso fue tan raro que hizo que se le quebrase la coartada de la armadura.
Es un gourmet del corazón.
Valora el sentimiento auténtico.
Le amó un hada, en alguna de sus vidas, y aprendió.
Es un ser interdependiente.
Sólo quiere estar con su alma gemela.
Le crió una mujer-reina con la corona bien puesta.
Le crió un padre-rey con la corona bien puesta.
Fue rey en otras vidas.
Fue reina en otras vidas.
Es libre.
Se sabe hijo del Universo.
Es un alma viviendo una experiencia humana.
Sabe que tiene una misión.
Se sabe un ser espiritual.
Habla y conoce el lenguaje del alma.

Podría seguir, pero te diré que todo esto sirve tanto para ellos como para ellas. A nivel de alma, somos la misma esencia. Recuérdalo: nos diferencia el traje físico, las costumbres, los comportamientos, la escala de valores, el tipo de creencias que hemos instalado en eso llamado mente o «archivo central», el tipo de familia genética que tenemos, los usos y costumbres de nuestro país de referencia, la cultura en la que vivimos, los estudios que hemos cursado, el trabajo que desarrollamos, los libros que hemos leído, los cuadros que hemos contemplado, las óperas que hemos escuchado, los conciertos con los que nos hemos deleitado el alma, la cocina que ha dado alas a nuestros estómagos, los perfumes que han enaltecido nuestros sentidos, los mares en los que nos hemos bañado, las puestas de sol que hemos abrazado, los amaneceres que hemos despertado, los besos que hemos lanzado al Universo, las canciones que hemos cantado bajo la lluvia... Nos diferencia todo hábito, costumbre, conducta, idea o traje externo... Y la piel física. Nos une el corazón que late al unísono en la esencia misma de nuestra alma eterna.

La misma luz para todos.

El mismo amor para todos.

El mismo destino alado para cada uno de nosotros...

Cambia la metáfora, pero permanece la esencia, el origen, la eternidad del alma universal que entreteje nuestros corazones angelicales en la hermandad del espíritu humano.

Somos, en esencia, el latido del mismo corazón.

Por consiguiente, ni ellos son de Marte ni ellas son de Venus.

Todos tenemos, por debajo de las creencias socioculturales, el mismo corazón hambriento de cariño y de comprensión. Todos somos, más allá del color de la piel, la edad, los parámetros socioeconómicos, la carrera y el oficio, una misma luz que lucha por abrirse paso entre tanta densidad material. Por debajo de la superficie, al abrigo de la superficialidad, mora un alma eterna. Detrás de las apariencias se esconde la verdad. Detrás de las normas sociales al uso, de las mentiras y de las coartadas políticas, está la razón de ser.

Nuestra inocencia primaria nos conduce a la salvación.

Podemos liberarnos de la esclavitud de la mentira social a la que todos hemos contribuido en un momento u otro de nuestra vida.

Podemos si queremos.

Basta con hacer la lista de nuestros derechos, asomarnos a la gruta interior y atrevernos a vivir nuestra vida humana en base a nuestra escala propia de valores e ideas.

Dicen que expandimos todo aquello que creemos. Que lo que vemos fuera no es sino un reflejo de lo que tenemos dentro. La Vida nos trata según nos tratamos a nosotros mismos.

Por tanto, si crees que no hay hombres buenos, reyes en su alma, no los hallarás.

Si piensas que todos los hombres son inmaduros, huyen del compromiso, no saben amar, gustan de mujeres damiselas de diademas flojas, así será.

Eso será lo que hallarás a tu paso vital.

Pregúntate si no serás tú la que no está preparada para un rey. Quizá seas tú la que no se sienta reina en su alma. A veces, la solución está más cerca y es más simple de lo que pensamos.

Mucha gente teme ser diferente, no quiere destacar y por ello esconde su luz. Si eres una reina que se ha quitado la corona para no destacar, aparentando ser damisela de diadema floja, no te extrañe que atraigas a caballeros de armadura demasiado oxidada... ¿Qué esperabas? Un rey no habrá podido reconocerte si se ha cruzado en tu camino. ¿Cómo podría haberlo hecho? Una reina lleva corona, camina con dignidad, respira autenticidad y viste libertad.

Un rey procede de la misma manera.

Recuerda: lo igual reconoce a lo igual.

Si quieres atraer a un rey, deberás ser una reina.

Si estás dispuesta a pasarte la vida refunfuñando y lamentándote de la cantidad de caballeros de armadura demasiado oxidada que pueblan el planeta y cruzan tu vida... ¡allá tú!

Sigue colocándote todas las mañanas esa diadema floja que te anula el sentido haciéndote parecer igual a la masa de siervos, esclavos de una sociedad que sólo te llevará a la soledad del alma.

Si estás harta de todo eso y estás lista para ponerte de pie y estirarte en toda tu extensión, ármate de valor y paciencia, pues no por ello tu rey aparecerá inmediatamente: a toda reina le lleva un tiempo llegar a ser reina de su vida.

Para empezar, debo aclararte que no se pasa de la fase damisela de diadema floja a la de reina en un plis plás, no. Hazte cargo de tu vida, de tu felicidad y de tu cartera. Asume la responsabilidad de dirigir tu vida, de vivirla cómo, cuándo y dónde quieras, no importando si tienes o no pareja. Aprende que la evolución de «damisela de diadema floja» a «reina» pasa por una temporada sin pareja. Recuerda que no eres más reina por tener novio o amante, ni lo eres menos por carecer de ello. Sé inteligente y no aguantes melindres ni mendigos emocionales. No des de comer a ningún cara dura emocional. Mándalo a paseo y con viento fresco, ya le recogerá una de esas mujeres que todavía anda empeñada en ser damisela de floja diadema y lenta neurona existencial...

Y, si no, ¡que vuelva con su mamá! A ti te ha de dar igual lo que haga con su vida... Tú tienes la tuya para vivirla y disfrutarla. Y ahora vamos a triunfar y a ponernos la corona. Vamos a ser las reinas de nuestro reino.

Las reinas, en su libertad, autenticidad y dignidad no necesitan un rey para gobernar su castillo y regentar su reino. Por consiguiente, para el puesto de rey no admiten a cualquiera que las corteje. Ni siquiera cuando se enamoran conceden el puesto inmediatamente, porque el hecho de ser reinas conlleva implícito saber que «las cosas no son lo que parecen».

Recuerda: las reinas sólo se casan con un rey, y cuando éste ha demostrado que es de verdad un rey.

4

«Cuando las mujeres reafirman su relación con la naturaleza salvaje, adquieren una observadora interna permanente, una conocedora, una visionaria, un oráculo, una inspiradora, un ser intuitivo, una hacedora, una creadora, una inventora y una oyente, que sugiere y suscita una vida vibrante en los mundos interior y exterior. Cuando las mujeres están próximas a esta naturaleza dicha relación resplandece en ellas.»

CLARISSA PINKOLA ESTÉS,
Mujeres que corren con los lobos*

Volvamos a la reina, y a su apertura de puerta.

Tengo que confesarte que la reina llevaba ya unos cuantos años en la Tierra, es decir, no era ninguna niña ni en edad cronológica ni psicológica. Aunque su apariencia física era de la un ser de muy joven edad, su alma era vieja como el Cosmos, lo cual se transparentaba en su semblante, forma de pensar, andares, personalidad, inteligencia y todo eso...

Ya te dije que toda mujer y todo hombre tienen el derecho de amar y ser amados. Asimismo, tienen el de enamorar-

* *Op. cit.*

se de quien les dé la real gana, y de echar o no los tejos si así lo desean. ¿Te imaginas una reina melindrosa, tímida, miedica y sin ningún tipo de iniciativa? Obviamente, no existen reinas así, porque en ese caso no son reinas sino damiselas de floja diadema. Por ello, si te cruzas con una mujer decidida, valiente, fuerte, poderosa, carismática, líder, femenina, cálida, cariñosa, abierta, inteligente, brillante, capaz de plantarle cara al mundo, auténtica, genuina, solar, alegre, mágica, comprensiva, humana, que te mira directamente al alma, con sentido del humor y que tiene en su haber muchas heridas de guerra...

¡Párate!

Acabas de tener el privilegio de conocer a una reina. Una reina camina como tal, bien estirada la columna y erguido el cuello —porque si no se le caería la corona.

Volvamos a la reina, a la nuestra.

Eso fue lo que vio el rey cuando la reina le abrió la puerta. Fue como ver a un ángel en la Tierra. El rey se quedó perplejo: nunca en su vida había visto a una mujer con tanta fuerza, luz, magnetismo y... ¡Tan femenina, a la par! Estaba ante una reina. Y el rey así lo supo.

Se miraron de corona a corona.

Ambos se supieron con el mismo rango de fuerza, carisma, valentía, decisión, autenticidad, coraje, madurez y evolución espiritual. Resonó una fuerza magnética que los envolvió en el recuerdo de la memoria de su conexión ancestral.

Un rey para una reina.

Una reina para un rey.

Ya te dije que una reina no se tira de cabeza a la piscina.

Tampoco un rey.

Como así sucedió, ninguno se tiró de cabeza a nada. Acordaron que el tiempo les ayudaría a resolver su enigma. Convinieron en que no tenían por qué desesperarse: si tenían un destino común, así sería. Si eran el uno para el otro, el enigma se desvelaría *piano, piano*...

Pasó el tiempo y ambos se volvieron a encontrar.

Nació la amistad, un territorio donde explorar el respeto y el alma que cada uno es. Un terreno donde mostrarse en confianza y al abrigo de un cariño sincero y sencillo. Ambos sabían de los planes de sus respectivas almas. Se sentían seguros y tranquilos. El tiempo voló, tal y como le dijo el rey a la reina en el aeropuerto. Un tiempo del calendario. Un tiempo de preparación para la boda real.

El rey no huyó de la luz de la reina, pero tampoco la atosigó.

La reina no dudó del rey, pero tampoco le ató corto.

El rey tenía en su haber muchas aventuras que nunca llegaron a puerto alguno.

La reina..., ya sabemos de su divorcio, de la historia con el caballero de armadura demasiado oxidada que nunca más la llamó...

El rey no quiso lanzarse en pos de la reina y seguirla a su reino como si ella fuese la última oportunidad de su vida... Un alma vieja sabe del destino, y él se sabía alma viejísima, por eso esperó el regreso de la reina.

La reina, al principio, hubiese vuelto a la semana siguiente... Añoraba al rey. Pero pasados unos días, decidió disfrutar del tiempo que le quedaba de soltería en su reino. Abrió la puerta a la oportunidad de aquellas vacaciones y se dedicó al arreglo de armarios y limpiezas varias. Quería que el castillo estuviese en sus mejores condiciones para recibir al rey. Echó de su vida todos los trastos viejos, limpió las telarañas del pasado que aún andaban metidas en cajas de «por si acaso» y pasó la aspiradora dejándolo todo como los chorros del oro. Ella sabía, como lo sabía el rey, que si ambos eran destino uno del uno, se vería. Y cuando esa certeza inunda el alma, sólo la tranquilidad discurre por las venas. Eso le preguntó el rey, cierta vez que habló con ella por teléfono: le preguntó si estaba tranquila. Claro que lo estaba, no había razón para no estarlo.

Destino.

Aquella luz que les bailó en los ojos en el encuentro primigenio.

Aquella melodía que les elevó las alas.

Aquella sensación de reconocimiento, de paridad...

Aquella corona de igual diamante en su escudo.

Aquella calidez de abrazo de almas.

Aquella dignidad de igual rango.

El rey había dejado de ser caballero de armadura demasiado oxidada hacía muchas vidas y, por consiguiente, estaba harto de tanta damisela de diadema floja... Tan harto estaba que había llegado a la misma conclusión que la reina: «Si aún no ha aparecido, es porque no existe... Y punto». A lo que había añadido: «Mejor solo que en mala compañía. Pues solo me siento feliz, y llegado este punto de serenidad y tranquilidad interior, sin —una mala— pareja se está muy bien».

La reina pensaba exactamente igual.

Formas de pensar parecidas.

Escala de valores similar.

Corazones con ansias de igual destino.

Almas gemelas.

El destino les presentó, y el amor se hizo camino poco a poco.

Tenían un idioma común a muchos y variados niveles, y eso creó un puente sólido entre ellos.

La reina era quien era y lo mostraba al mundo sin rubor. No más dejar entrar en el castillo a caballeros en fase de nada... «O reyes, o nadie», se había prometido a sí misma después del caballero de armadura demasiado oxidada que le huyó por correo electrónico.

—Me da igual el potencial, lo que quiero es realidad pura y dura. Potencial desarrollado, o nada. Que le aguante otra el proceso —contaba la reina a una amiga.

—Es que el potencial puede que lo desarrolle o puede que no. Es más, una vez haya desarrollado el potencial y tenga un proyecto de vida, puede que tú no estés incluida en el mismo —añadió su amiga.

—Para eso, que se busque un *coach* y que pague su aprendizaje, si quiere. Pero no seré yo quien le haga de *coach* gratis... ¡Ni hablar!

—No importa, otra le hará de «tapa-agujero-emocional» y seguirá sin aprender su lección vital.

—¡Pues a mí me importa una diadema vieja! Que haga lo que le dé la gana, al fin y al cabo no es mi vida. Tengo clarísimo que por más que le quisiera, no estoy dispuesta a aguantar sus tonterías de caballero de armadura demasiado oxidada. ¡Habiendo reyes en este mundo, sería de damisela de diadema tonta además de floja, el conformarse con menos!

—Si todas las damas del mundo pensasen como tú, los caballeros tendrían que deponer su actitud, no quedándoles más remedio que evolucionar...

—O buscarse un *coach* que les ayudase a enmendarse la armadura.

—Mientras existan damiselas de floja diadema que estén dispuestas a ser la coartada de su inmadurez psicológica y emocional, no tendrán por qué hacer el esfuerzo que supone pasar de armadura oxidada a rey...

—De acuerdo. Pero a mí no me va a detener, ni debería detener tampoco a ninguna mujer en su cambio de diadema floja a reina con corona bien puesta.

—Ni se imagina el caballero de oxidada armadura y demasiado miedo en su espada ausente que tú te ibas a recuperar así de su adiós, y que encima ibas a abrir la puerta a tu destino.

—Bueno, ya sabemos que toda persona que nos da calabazas en realidad nos está impulsando hacia nuestro destino.

—Cierto.

—Pero, a veces, al principio, duele. Ahora bien, duele hasta que uno comprende que nos están haciendo un favor, o hasta que depone su actitud de «me han dado calabazas» cambiándola por la de «me han impulsado hacia mi destino».

—A mí me han impulsado muchas veces.

—Y a mí. ¿A quién no?

—Las mujeres deberíamos sabernos reinas de nuestras vidas, y ello nos debería bastar para sentirnos seguras y a salvo de todo fracaso emocional. Cuéntaselo a todas las damiselas de diadema floja...

—Ya lo hago. Al igual que les digo que tienen derecho a abrir la puerta de su vida a quien les dé la gana. Es más, harían bien en recordar que sus castillos tienen horario de visita, que pueden tenerlo si a ellas les parece conveniente.

—Nos han contado tantas historias sobre la falsa dignidad que nos han acabado por nublar el sentido. Yo, sin ir más lejos, antes de decidirme a ser reina, tuve que enfrentarme con haber tenido un padre machista que a pesar de haberme concedido el regalo de una carrera universitaria siempre lo aderezó con un «tus hermanos son los inteligentes. Tú, hija, menos mal que eres voluntariosa...». Siempre los consideró superiores a mí en inteligencia por el hecho de ser hombres... Sólo poco antes de su muerte reconoció lo mucho que me admiraba y lo orgulloso que se sentía de mí... ¡Pero fíjate! Todos esos años sintiéndome inferior en inteligencia, creyéndome en la obligación de tener que esforzarme más que mis colegas hombres para demostrar mi valía...

—Te comprendo. Yo nací en una familia de lo más progresista, donde la igualdad entre el hombre y la mujer era real. Aún así me las he tenido que ver con la sociedad que me recibió en contradicción con mis vivencias familiares. Suerte de mis estructuras internas que me mantuvieron a flote e hicieron que nunca perdiese la corona a pesar de los terremotos existenciales... ¡Ni te cuento! A mí me sucedió como a ti, excepto que trabajé en un sector muy competitivo, aparentemente liberal pero muy misógino en realidad... Tuve que amarrarme bien la corona y mostrarles más de cuatro veces la fuerza de una reina. ¿Sabes qué sucedió? ¿Sabes cuál fue el precio que tuve que pagar por ello? Me tacharon de prepotente y orgullosa. Y todo porque nunca agaché la cabeza ante nadie. Yo tenía bien puesta la corona y nunca me dio la gana agacharme ante nadie. Mi madre, otra reina, suele decir que desde que nací tuve muy claro quién soy. Por consiguiente, he llevado la corona muy alta por todo el mundo. La dignidad humana, eso es, la dignidad. Mi corona es mi dignidad, y nunca me dio la gana de traicionarla ni por nada ni por nadie. Yo solía decir que mientras tuviese el cerebro que tengo y dos manos para trabajar no tenía por qué agacharme ante nadie... Pues nadie es superior a nadie por más dinero o posición que tenga. Y eso vale tanto para los negocios como para el terreno personal o el del amor...

—Rebelde...

—Reina.

—Ciertamente. Lo que cuenta es el interior de la persona y no sus bienes o posición social. Ni tan siquiera su belleza física, pues hasta eso es transitorio...

—Absolutamente de acuerdo. Mi abuela, otra reina, solía decir que más valía persona que bienes.

—Muy sabia tu abuela.

—Muy sabia y dicharachera.

—A mí también me inculcaron que lo mejor de una persona, su tesoro, está en su interior...

—Por eso somos amigas.

—Por eso ambas somos reinas.

—Y muy inteligentes.

—Y mágicas.

—¡Y con una autoestima a prueba de bombas! —dijeron las dos entre risas y al unísono.

—Me encanta tenerte como amiga.

—¿Sabes? Me gustaría un rey con un interior como el tuyo, pero en cuerpo de hombre...

—¡Toma! Y a mí también me gustaría encontrar tu versión masculina.

—Ya te dije que ese rey que te acompañó al aeropuerto pinta bien... Me lo dice mi instinto chamánico...

—Me lo he tomado con mucha calma...

—La mejor forma de tomárselo...

—Bueno, con cava no estaría mal, tampoco...

—Algunas reinas sois de lo más *caveras*...

—Y a las reinas chamanas californianas os encanta lo bucólico y natural, ¡como si el cava no lo fuese!

—Con lo serias que estábamos...

—Serias y regias seguimos.

—¿Sabes? Después de todo nos hemos trabajado a pulso el mantener vivo este sentido del humor...

—A mí me ha salvado la corona, por no decirte las reales posaderas, muchas veces.

—¿No fuiste tú quien me dijo que el sentido del humor sin la compasión era sarcasmo?

—Cierto, fui yo. También añadí que la compasión sin coraje era codependencia. Y que el coraje sin compasión es simplemente ira, violencia, la guerra por la guerra, la lucha por la lucha...

—Los tres arquetipos unidos y en sinergia son lo mejor.

—Sin duda.

—Por cierto, dejaste tu profesión anterior...

—Me impulsaron a mi destino.

—Me encanta la forma que tienes de dar la vuelta a las situaciones, de reencuadrarlo todo...

—Aprendí PNL, ya sabes, Programación Neuro Lingüística.

—Yo, sinceramente, creo que la trajiste contigo al nacer.

—Cierto, mi abuela ya era una maestra en ello. Jugaba con ventaja cuando me vine a California a aprenderla. Nunca me arrepentí de haber dejado mi primera profesión. Soy feliz haciendo lo que hago ahora porque tengo libertad, y me dedico a hacer aquello que me apasiona...

—Y encima te vas de viaje y conoces a un rey...

—Y también te conocí a ti. De haber seguido en mi primera profesión, nunca, posiblemente, te hubiese conocido.

—Destino.

—Eso me dijo el rey: que el tiempo nos concedería la revelación de nuestro destino, y que él sólo hacía aquello que sentía en su corazón.

—Alguien así debe merecer la pena.

—Así lo creo yo también. Por eso volveré y le llamaré. Me encantará volver a verle y destapar el tiempo del destino.

—Presiento que tendré que ir a verte a ese país. Me alegrará tener a una amiga feliz a quien ir a visitar en otro lugar...

—Siempre serás bienvenida.

—Somos reinas.

—Los somos y siempre lo seremos.

—Algún día me contarás más sobre la PNL...

—Te lo prometo. Pero debes saber que si fui capaz de darles la vuelta a las calabazas y convertirlas en el negocio de mi vida, fue gracias a mi sabiduría interior aderezada de PNL...

Eso de darle la vuelta a las cosas... Eso de ver la oportunidad en todo problema... Cierto es que me lo contaron en PNL pero ya lo llevaba dentro. Recuerda que, como bien dice la PNL, todo está dentro de ti.

—¿Y la información sobre el rey también estaba en tu interior?

—Siempre estuvo ahí, tanto en forma de sueños como en forma de arquetipos, coincidencias, sincronías... Ya sabes.

—Cuéntame.

—Los sueños. Apareció tanta información sobre él, que una amiga mía me dijo que debía ser un alma muy avanzada, además de andar muy empeñado en encontrarme, a juzgar por la cantidad de información que me enviaba mediante esos mensajes telepáticos llamados sueños. Hace tantos años que sueño con él, que llegué incluso a plantearme si no sería producto de mi inconsciente...

—No podía serlo.

—¿No?

—No. Y tú sabes muy bien que no lo era.

—Pero nunca se sabe. En cuanto a las sincronicidades, era como tener frente a mí el enigma de la Piedra Rosetta: a veces me sentía como creo que se debió sentir Champolion aquellos años en los que andaba tratando de descifrar la piedra que le hizo famoso... Es como si supieras el significado. Tienes la sensación de conocer el procedimiento, de haber aprehendido el patrón según el cual opera el mecanismo en el que tratas de penetrar, y de repente... ¡Vuelves a estar como al principio!

—Sí, pero un día, de repente, todo el puzzle encaja.

—¡Sí! Y la puerta se abre.

—Y se te abrió la puerta.

—Mira que ese día me sentía como si me faltase algo... Como si no me pudiese ir aún porque faltaba algo...

—Como así era...

—Faltaba él. Él era la pieza que faltaba.

—La puerta.

—¿Y qué me dices del tapón con la flor de Lys y la palabra Firenze?

—Impresionante.

—El sueño de hace años con aquella caja envuelta en papel de regalo cuyos motivos eran la flor de Lys.

—A mí lo que de verdad me impresiona es cómo has sido capaz de hilarlo todo...

—Se me abrió la puerta...

—Ya.

—No sólo en sentido literal sino también en sentido figurado. Las piezas encajaron cuando me decidí a creer que era posible. Pero, sobre todo, cuando creí en mí, lo cual me permitió cambiar la perspectiva y considerar otras posibilidades de significado.

—Eso es lo más importante.

«¿Sabes? Es como cuando instintivamente sabes algo pero lo descartas porque tu lógica te dice que no puede ser.

—Me lo sé de memoria...

—Había tanta información, tantas piezas aparentemente inconexas, que quise unirlas literalmente y, claro, no funcionó.

—A veces la información que poseemos a nivel consciente dificulta la tarea de descifrarla...

—Lo mejor es seguir la corazonada, mantener la fe... El instinto.

—Y ese instinto fue el que te hizo aferrarte al sueño y perseguir su significado.

—Cierto. Así fue. Todo acaba por encajar a su debido tiempo.

—Creo que lo que te sucedió con el caballero de armadura demasiado oxidada que se fue de tu vida por correo electrónico es que «te entraron las prisas»... A todas nos entran en un momento determinado, cuando presentimos que «el instante está muy cerca...».

—Creo que tienes razón. Me entraron las prisas y me confundí de rey.

—Tampoco deja de ser cierto que el chico tenía un gran potencial, y tú lo viste...

—Vaya si lo vi...

—Pero no estaba a la altura de tu corona...

—Ni lo estaba ni lo quiso estar.

—Ciertamente. Porque podría haber hecho el esfuerzo, pero le pudo el miedo. Su inseguridad y el pánico a comprometerse con alguien como tú le hizo salir pies en polvorosa...

—Lástima.

—¡Qué quieres que te diga! En vista del rey que has conocido, yo no diría «lástima», más bien diría: «¡Qué suerte la mía!»

—De acuerdo. Pero el cariño me duele...

—Lo entiendo. Pero ahora más te vale mirar hacia delante, dejar atrás lo que pudo ser y nunca será. Debes centrarte en pensar en todo el sufrimiento que te has ahorrado junto a un caballero de armadura demasiado oxidada... Ni te cuento la de comportamientos «armadura oxidada» que hubieses tenido que torear... ¿Hubiese merecido la pena?

—No. Por eso nunca le dije que sí a la segunda oportunidad. Por eso nunca le llamé y dejé que acabase por enviarme un correo certificando la defunción de nuestra relación, un óbito que para mí se había producido el mismo día en que me pidió «un tiempo para reflexionar».

—Suerte la tuya, que te dejó libre antes de irte de viaje... Así le pudiste abrir la puerta a tu destino.

—La hubiese abierto igual, porque ante la fuerza del destino todos acabamos por sucumbir y olvidar lo otro.

—Hum...

—Si todas las mujeres se centrasen en buscar lo positivo, la enseñanza que encierra todo problema, adiós o desplante, les iría mejor, mucho mejor.

—¡Ah! Si a las mujeres les diese por ceñirse la corona en vez de encasquetarse una diadema que les afloja el sentido...

—A todas nos iría mejor, puesto que entre todas acabaríamos por conseguir que hubiese más reyes y menos caballeros de armadura oxidada...

—Incluso podríamos impulsar y fomentar el que un buen día se extinguiese la raza de caballeros de armadura demasiado oxidada...

—Claro, ¡no tendrían a ninguna damisela a la que ajustarle la diadema demasiado floja!

—Todas reinas.

—Todos reyes.

—¡Cuánta realeza!

—Al fin y al cabo, esa es nuestra verdadera naturaleza: la igualdad de dignidad.

—La igualdad de realeza: luz real.

—Sólo Luz Real.

5

EL MANIFIESTO DE UNA REINA

Según las encuestas de expertos en la materia, SI VAS DE REINA POR LA VIDA está asegurado: ¡TE QUEDAS SOLA-SOLTERA!

¿Que no te lo crees?

Pues léete los libros que sobre el tema hay, al menos en España, publicados. Lo aseguran los expertos: al hombre español no le gusta que una mujer muestre lo inteligente y exitosa que es. ¡Vamos, que lo que le gusta es una mujercita que no le haga sombra! Pero no vayas a pensar que quienes lo afirman son solamente hombres. No. También lo afirman mujeres, entre ellas, psicólogas. Según ellos (han basado sus conclusiones en una encuesta realizada a 1500 hombres, y en las conversaciones que se dan en la consulta de terapeutas y psicólogos), las mujeres que mostramos nuestros dones somos candidatas a ser unas fracasadas emocionales, porque los hombres de éxito no quieren a su lado mujeres iguales. Las prefieren calladitas, discretas, monas —¡eso sí!—, limpias, aseadas, elegantes, buenas conversadoras, pero jamás tan brillantes como ellos... O sea, que nos vemos ante la disyuntiva de tener que escoger entre el binomio «éxito profesional + fracaso emocional» o su alternativa «éxito emocional + fracaso profesional».

Nosotras escogemos.

Por mi parte, dado que el estudio se basa en una muestra —y por representativa que ésta pueda ser, no es un censo—, prefiero pensar que algún espécimen diferente —raro, inclasificable— se les habrá escapado. Digo yo.

¿O no?

No. Y por no creer no creo ser una ilusa, ni estar alucinando.

Asimismo, me niego a perder la esperanza de hallar reyes solteros, de mi edad, que no sean gays y que hablen alguno de los idiomas que yo hablo. Si existen mujeres diferentes —que, por cierto, no solemos aparecer reflejadas en las encuestas, lo cual no deja de ser preocupante, a la par que curioso—, también deben existir ellos.

¿No lo crees así?

Las creencias determinan nuestro destino, conforman nuestros días, y confirman nuestras esperanzas y temores. Algunas de las creencias que dan aliento a nuestro guión vital son prestadas, es decir, en nada tienen que ver con las creadas por uno mismo. Por prestadas me refiero a esas creencias (idea/s que se tiene/n sobre un determinado asunto o persona) que vienen del exterior (referente externo) y no del interior (referente uno mismo: cosecha propia). Tantas y tantas creencias sociales circulan desde hace siglos que, las personas, hombres y mujeres, las hemos adoptado y convertido en realidad, porque tanta responsabilidad tienen los hombres como las mujeres. Si ellas se consideran inferiores, si creen que para poder triunfar en el amor han de sacrificar sus ideales intelectuales o personales —pues querer prosperar profesionalmente no deja de ser una aspiración personal, lícita y consustancial al ser humano, poniendo en acción las capacidades y aprendizajes que uno lleva en su interior—, así será. Somos aquello que creemos, tanto si nos gusta como si no nos gusta asumir dicha responsabilidad sobre nuestra forma de pensar. Es más, las ideas son formas de energía, ondas que circulan y, aunque no se vean, tienen su incidencia y su implicación en la creación de una realidad global. Si por el hecho de llevar traje físico de mujer considero que puedo hacer esto y no puedo hacer lo otro, así será. Mi identidad se construye sobre la base de las creencias que tengo acerca de mí misma y del mundo en general, así como sobre la base de la interacción de esos dos mundos: yo misma y la sociedad.

Tú escoges: reina o esclava.

Yo ya escogí: soy reina por derecho propio de nacimiento.

¿Estoy sola?

Cierto.

Pero mi soledad es simplemente temporal.

No tengo pareja.

Cierto.

¿Pero quién necesita una que disimule la soledad de uno mismo?

Yo no.

Si eres de las que necesita al lado un cuerpo que respire, atente a las consecuencias. La soledad en pareja es la peor que existe. Nadie, ni mujeres ni hombres, debería envenenarnos el alma obligándonos a estar en una relación solamente porque nos aterroriza estar solos, porque no nos sentimos completos o porque no queremos darle la razón al mundo en cuanto a que somos unos fracasados emocionales por no tener pareja. Lo mejor que podemos hacer por nosotros mismos es seguir a nuestro corazón, haciendo solamente aquello que proporciona placer, felicidad, tranquilidad y serenidad a nuestra alma. Cuidar de uno mismo, ésa es la clave. No hay estados ideales. No se es un fracasado por estar sin pareja.

Te cuento qué entiendo por fracaso. Es más, te invito a que tú también reflexiones acerca de este «arquetipo». Por fracaso entiendo obligarme a mí misma a hacer algo que no me hace feliz. Algo que, además de no producirme felicidad alguna, conlleva la supresión de algo más, ya sea paz, alegría, ilusión, dinero, sosiego, inspiración, amigos, tiempo para pensar, sueños, horas de descanso, puestas de sol, etcétera. Fracaso es todo aquello que va contra mi dignidad. Por consiguiente, cuando lo que hago atenta contra mi dignidad estaré fracasando en aquello que haga, sin importar lo que sea. Por el contrario, si independientemente de que haga lo que haga, lo hago convencida y en plena armonía con todo mi ser, entonces, y sólo entonces, podré hablar de triunfo.

Haríamos bien en independizarnos de las ideas que nos ha impuesto o *colado* la sociedad, pues somos esclavos en una sociedad de libertos. «¿Esclavos?», preguntarás al tiempo que se dibuja una mueca de incredulidad en tu rostro.

Sí, esclavos.

Estamos esclavizados a nivel de ideas.

En una sociedad tan mediática como la nuestra, es fácil «insertar a nivel subliminal» un montón de ideas mermadoras de la independencia. Asimismo, existe una presión social para que nadie persista en su intención de ser diferente y salirse de la norma, ya que una sociedad formada por borreguitos es más fácil de domeñar, controlar y poner en estado de trance consumista.

Yo, reina.

¿Y tú? ¿Qué escoges?

Si escoges ser damisela de diadema floja, atente a las consecuencias. Pero, sobre todo y ante todo, deberías evaluar seriamente el verdadero precio que pagarás por tener un hombre a tu lado, uno cualquiera, del que tal vez no estés enamorada y que, además, te ningunee de mil y una maneras: desde teniendo que hacerte la tonta para que él no se sienta inferior, hasta esconder tus dones y auténtica personalidad permitiendo vejaciones de todo tipo. Si quieres que te diga la verdad, mi verdad, no hay peor vejación que la que un ser humano se inflige a sí mismo cuando traiciona su integridad, esto es, cuando dejamos de ser nosotros mismo para que otro ser humano siga con nosotros. El precio que se suele pagar es el de la propia vida (suicidio psicológico, enfermedades físicas varias, infelicidad, depresión, envejecimiento prematuro, etc.). No te quiero asustar. Simplemente, pretendo llamar tu atención sobre aspectos que, ya en su día, las mujeres valientes y pioneras del feminismo —aquellas que, a principios del siglo XX, se alzaron en pie de guerra para lograr el sufragio universal— mostraron al mundo. Muchas mujeres felices, auténticas y valientes están felizmente casadas o lo estuvieron. Evidentemente, lo hicieron con hombres que merecen la pena, de esos que no aparecen en las encuestas. Si has tenido un padre fuera de lo común, es decir, no-machista, o un abuelo fuera de lo común, entonces eres una privilegiada. Las almas viejas, experimentadas y valientes, cuya misión vital tiene que ver con derribar barreras de desigualdad, escogen nacer en hogares formados por seres o almas excepcionales que, a su vez, creen firmemente en la igualdad de los seres humanos con independencia del traje físico.

Vuelvo a las feministas que tanto lucharon por la igualdad. Ellas no pretendían esclavizar al hombre en ningún sentido: no se trataba de rebajarlo sino de elevar a las mujeres a rango de igualdad. Tampoco se trata de dejar de ser femeninas y adoptar los patrones del hombre. Una mujer puede ser femenina y a la vez tan inteligente, capaz y resolutiva como un hombre o más. Simplemente, porque las capacidades del ser humano no tienen sexo. La determinación, la valentía, el coraje, la inteligencia, la imaginación, el análisis, la creatividad, la lógica, la intuición, la sensibilidad, la iniciativa, la coherencia, la ternura, el romanticismo, la inventiva, la genialidad, la ira, la frustración, la competitividad, etcétera, pueden hallarse tanto en un hombre como en una mujer: es cuestión de personas y no de género. Las almas, ya lleven traje de hombre o de mujer, exhiben su particular singularidad basándose en capacidades de igual referencia —pues todos tenemos la misma oportunidad de poseer características del mismo rango—, combinadas con el desarrollo que cada uno ha hecho de las mismas a lo largo de sus diversas vivencias humanas, potenciando sus talentos, enfrentándose a sus lecciones vitales.

La igualdad en el ámbito de alma es real, existe, y eso nadie nos lo puede negar.

Algunas cosas son ciertas las crea la gente o no, es decir, no dependen de la creencia de alguien para convertirse en verdaderas y reales.

Asimismo, recuerda que no se es mejor ni peor, ni inferior ni superior, ni más poderoso ni más débil en función de nuestro rol social-profesional, es decir, nuestro comportamiento o papel dentro de la familia, la empresa o la sociedad en suma. Por consiguiente, la ocupación, ya sea la de madre, ama de casa, presidente, minero, albañil, médico, juez, directiva, abogada o escritora es tan digna como cualquiera. No se es mejor persona por ocupar un cargo directivo, ya que tan válido como ser humano es un albañil como el presidente de una gran compañía mundial: les diferencia el cargo, el sueldo, pero no el alma.

Cuando uno se rige por criterios externos de poder ha de atenerse a las consecuencias de no sentirse nunca suficientemente valorado, tranquilo y con paz de espíritu.

Ya se sabe lo que dice el refranero español: «Tanto tienes, tanto vales». Si permites que una persona te valore por la cantidad de dinero existente en tu cuenta corriente, el nivel de tu salario, el barrio donde está ubicada tu casa o el coche que posees, es como ir montado en un patinete sin frenos cuesta abajo por un pavimento bañado en aceite... ¡Ni te cuento la leche que te darás! Si tú valoras a los demás según criterios externos, quedas expuesta a darte la ídem con el patinete... Una psicóloga mundialmente famosa hizo una «prueba» en una de sus conferencias sobre desarrollo personal: mostró dos perfiles de dos hombres diferentes. Uno era amable, honesto, de fiar, íntegro, cabal, inteligente, humano, sencillo, emotivo, buen compañero y amigo, con un alma sensible. El otro, por el contrario, era un donjuán, mujeriego, mentiroso, escurridizo, canalla, machista, racista, poco de fiar. Adivinarás cuál fue el hombre que todas las asistentes a la conferencia escogieron, sin dudar ni un segundo, como marido o compañero de vida. Obviamente, fue el primero. Pero ahí no termina la historia. No. Resulta que la conferenciante había obviado un simple detalle. ¡El económico! ¡Nada más y nada menos! ¿Qué crees que sucedió cuando desveló que el primero tenía por oficio el de albañil y el segundo era un alto ejecutivo de una multinacional? Todas, o casi todas, cambiaron su elección. ¡El estatus socioeconómico y profesional fue determinante! Aquellas mujeres que decían preferir los valores interiores no tardaron en mudar su postura cuando se trató de su estatus social. ¡Mentirosas!

¿No?

Oh, lo siento. Siento mucho tener que decir lo que dijo la psicóloga en su conferencia, pero lo voy a decir. Les espetó en toda la cara la verdad de su hipocresía social: «¿Entendéis ahora por qué os va tan mal en las relaciones románticas y de pareja? No es verdad que os importe más el interior que el exterior. Si eso fuese cierto estaríais con hombres buenos y no con canallas que os destrozan el corazón y os lo dejan como si hubiese pasado un ciclón demoledor. Mientras os importe más el exterior que el interior sólo os sentiréis atraídas por tipos indeseables».

¡Uf!

¡Uf!, digo yo.

A veces duele que nos arranquen el velo de la armadura. ¡Pero pasa pronto!

Por consiguiente, lárgate de la esclavitud social y comienza a escribir tu propio guión vital. Grábate a fuego en tu maravillosa corona que no se es más exitoso por tener esto o aquello o ser esto o aquello en el ámbito profesional (mi abuela decía que castillos muy grandes han caído). Independízate y define el éxito.

Una reina tiene su propio reino y decide sus propias leyes y normas. Asimismo, emite sus propios decretos.

Tu reino es tu vida.

Tu vida es tu reino.

Tus normas son tus ideas.

Ser reina es gobernar la propia vida.

Ser rey es hacer lo mismo.

De hoy en adelante cámbiate el nombre y pasa a llamarte: REINA o REY.

Te diré que una de las muchas maneras de detectar a un caballero de armadura demasiado oxidada es por su estupidez intelectual. Te cuento lo que entiendo por ello. Por estupidez intelectual me refiero a:

1. Cuando él te pregunta por tu sueldo y profesión para valorarte en función de cuánto ganas y de tu posible o ausente prestigio.

2. Se siente inferior o superior a ti en función de tu inteligencia, prestigio profesional, sueldo, cuenta bancaria, edad,

apellido, estatura física, conocimientos, títulos académicos, etcétera.

3. Cuando, en función del barrio donde vives, decide si eres una chica «correcta» o no, esto es, presentable a su familia, amigos, círculo social....

4. También entra en el territorio de la estupidez intelectual (equivalente a diadema floja) pensar que por tener una, dos o varias carreras universitarias se es de mejor calidad humana.

5. Cuando tiene en cuenta la procedencia social, según la cual se poseen o no ciertas características. Mi abuela, una reina maravillosa, solía decir que «más vale persona que bienes», pues opinaba —basaba su opinión el conocimiento que proporciona la prueba empírica— que el dinero va y viene en la vida. Te recuerdo que ella solía decir: «Castillos muy altos han caído».

6. Te valora basándose en tu belleza física, titulación académica, prestigio profesional, etcétera, pero pasa de tu alma y de tu corazón.

7. Te rechaza por tu edad cronológica o similar estupidez oxidada, porque relaciona edad y nivel de madurez existencial. O porque relaciona la edad con la variable «formar familia, léase, tener hijos para él», o con el que algún día en el futuro se te vea «mayor» que a él...

8. Sólo te ve como una «fábrica de niños», ama de casa y/o acompañante de puestas de sol, viajes y salidas con amigos.

9. Te trata como si fueses lerda, incapacitada, ciega, mema, gili, desvalida, y con la neurona y la dignidad ausentes...

10. Se mofa de ti porque crees en —según él— «asuntos esotéricos», léase el alma y demás.

11. Se las apaña muy bien para argumentar que él es más que tú simplemente porque tiene un doctorado y te presenta a gente de postín intelectual...

En mi familia siempre me aconsejaron que, de casarme, lo hiciese única y exclusivamente por amor, nunca por dinero u otras razones. Asimismo, me inculcaron que debía tener carrera y trabajo propios, una vida propia, de manera que no tuviese que verme obligada a casarme sólo por el hecho de tener a alguien que me mantuviese económicamente, me diese un estatus socioeconómico o compañía. Conozco en pleno siglo XXI a muchas mujeres que han convertido su corona en una irrisoria diadema floja casándose con alguien que ni las ama ni las respeta, y al que aguantan por no perder el estatus social, la comodidad que da que te traigan el dinero a casa y se ocupen de ganar las habichuelas. ¡Ah! Y eso de poder decir la palabra mágica: «Marido».

Ahora bien, se trata de un conjuro mágico que, demasiado frecuentemente, se convierte en la perdición de una mujer, condenándola al infierno emocional. Estas mujeres ya ni recuerdan dónde fue su dignidad, su sabiduría, su creatividad, su magia, su alma salvaje. Y cuando una mujer pierde el contacto con su alma, se queda sumergida en el fango de la tristeza y depresión existenciales. Por consiguiente, muchas mujeres atrapadas en un estado de olvido y tristeza sólo aciertan a:

a) Comer más de la cuenta o, todo lo contrario, se vuelven anoréxicas.

b) Se oxidan antes de tiempo (aparentan más edad de la que cronológicamente tienen).

c) Han perdido las ganas de vivir (su edad psicológica es de alguien tan anciano que se olvidó de vivir su vida: ya no tienen edad para cambiar el rumbo ni para hacer nada... Sólo morir de aburrimiento existencial, consumirse entreteniéndose en tonterías varias esperando que llegue el fin, no de semana, sino de su vida).

d) Se someten a alternativas varias (tienen amante, ligues varios, le dan a la bebida, al porro, a la cirugía plástica...).

e) Se dedican a tener hijos para consolarse de lo inconsolable (y, de paso, educan más seres disfuncionales).

f) Se tiran de cabeza a la piscina de la frustración (se vuelven criticonas, envidiosas de otras mujeres libres y valientes, pues según ellas la culpa la tienen los hombres, el destino es cruel...).

Todo esto y más con tal no coger las riendas de su vida y cambiar el rumbo, cueste lo que cueste. Apréndetelo de memoria: nunca es tarde para ser feliz y tener una vida plena. NUNCA.

Una reina decide, asimismo, cuáles son sus creencias. Sí, ella decide lo que quiere creer acerca del tema o asunto que sea. Ya te lo dije: las reinas crean sus leyes, emiten sus decretos y hacen lo que les viene en gana. Una reina está plena de energía, está viva, rebosante de vitalidad y entusiasmo. Una reina tiene los instintos salvajes en plena efervescencia, o sea, muestra quién es al mundo y defiende su reino, por lo que no se fía de las apariencias y olfatea siempre antes de abrir la puerta a nada o a nadie. Una reina no se cree lo que la mayoría opina. En su lugar, analiza, sopesa, discierne y decide qué quiere creer en todo momento y lugar.

No es habitual hallar reyes y reinas por debajo de los treinta o treinta y cinco años. No es habitual, lo cual no quiere decir que sea imposible. Haberlos, haylos, pero no abundan. La probabilidad aumenta con la edad, por la sencilla razón de que a más años, más coscorrones existenciales, o sea, más oportunidades de aprendizaje vital y de apertura de ojos a la realidad de uno mismo. Por ello, es más probable que uno se convierta en rey o reina de su vida pasados los treinta y cinco o los cuarenta años de su existencia humana. Ahora bien, todo lo contrario es igualmente cierto. A un alma vieja y experimentada le llevará menos tiempo situarse en su nivel de regencia. No obstante, hay pocos seres así. A los de esta raza —que no abundan— se les detecta porque, desde que llegaron a la Tierra, han tenido muy claro quiénes son, lo mismo que sus ideas, sus convicciones, su misión vital, y «lo que querían ser de mayores».

Hum...

Tengo que contarte que muchos de ellos son tachados de prepotentes o engreídos por otros congéneres suyos que, al no tener nada claro quiénes son ni siquiera cuando tienen cincuenta o sesenta años, se sienten amenazados ante semejante seguridad y determinación.

¿Qué sucede en realidad?

Lo que ciertamente sucede es muy simple aunque rebuscado: el que es tomado por prepotente no lo es en verdad (autoconfianza no es lo mismo que prepotencia o soberbia), pero el otro, al ser inseguro y no querer asumirlo, proyecta su propia inseguridad en el primero y le acusa de algo que está en él —pero no quiere asumirlo—. A esto en psicología se le conoce como «proyección», o lo que es lo mismo, «se ve la paja en el ojo ajeno y no la viga en el propio». No querer asumir la propia inseguridad nos lleva a buscar la «proyección» (echarle la culpa al otro) como salida o solución para nuestros males. Es decir, «si el otro es el prepotente yo estoy bien, y asunto concluido. Yo no he de hacer nada de nada, soy inocente». La inseguridad en uno mismo hace que no vea al otro clara y diáfanamente. Es como estar en una balsa a merced de las olas, sometido a un balanceo incesante, pudiendo llegar a concluir que todo se mueve. ¡Mentira! Lo que sucede es que la experiencia de la realidad se nutre y basa en nuestra propia realidad: yo me muevo, luego todo se mueve. Eso no es así pero, desde nuestro punto de observación no somos capaces de advertir que la realidad no es la misma para todos. Sólo es posible aceptar que cada uno tiene una vivencia muy diferente de la realidad cuando hemos asumido que nuestra perspectiva no es la única, ni la mejor, ni la peor.

Cada ser humano tiene una vivencia de la realidad única, personal e intransferible.

Por ello haríamos bien en no emitir juicios sobre los demás tachándolos de prepotentes sólo porque creen en sí mismos a pesar de los pesares, saben quiénes son y lo muestran al mundo, mientras que uno se esconde hasta de sí mismo por complejo de inferioridad, inseguridad o lo que sea.

El prepotente no deja espacio a nadie, ni tan siquiera para sí mismo, solamente él/ella tiene derechos. El resto carece del más mínimo derecho, incluido el del respeto. En cambio, la persona segura de sí misma, con un claro sentido de quién es (un rey o una reina), se respeta y respeta a los demás, les concede su sitio sin menosprecio del propio y viceversa. No se sienta en el trono de nadie —ya que posee trono propio— ni deja que nadie se siente en el suyo, pues se sabe con todo el derecho del mundo a ocupar su propio trono, es más, sabe que cada uno tiene el suyo no haciendo falta quitárselo a nadie.

Un rey, una reina, asumen que la vida tiene sus más y sus menos. Su madurez psicológica está asegurada. No culpabilizan a nada ni a nadie de su historia vital. Asumen sus «errores» y los convierten en procesos de aprendizaje. Han aprendido a escuchar su corazón y se guían por el radar del alma, esa voluntad superior a la de la personalidad. Poseen faros largos y recursos extras, mecanismos de alarma muy efectivos que se ponen en marcha con el fin de evitar males mayores. Te pondré un ejemplo: una vez iba yo con mi coche, le acababan de cambiar las ruedas. Iba por la autopista a más de 160 kilómetros por hora cuando el coche se puso a vibrar intensamente. Las sacudidas que daba eran tales que me vi obligada a detenerme en una gasolinera. Por más que miraba no veía nada anormal, hasta que me percaté de un bulto en la rueda delantera izquierda. ¡La rueda estaba a punto de reventar! Mi equipo especial me sacó de la carretera sacudiéndome el coche, evitando así que me reventase la rueda en plena conducción, lo cual hubiese supuesto un accidente muy serio. Si uno fluye con el río de la vida por estar sintonizado con ella, si uno vive desde su alma, le suceden cosas de este estilo: le avisan, le previenen, le salvan de desastres... Sin embargo, si uno no hace caso de las «sacudidas» existenciales, ¡se la pegará con el patinete por la engrasada cuesta abajo!

Te imagino preguntándote qué tendrá que ver la historia del coche con que una reina o un rey lideren su vida terrena. Me explicaré mejor. Liderar la vida de uno es asumir que existe un propósito superior, que no siempre aquello que queremos es lo mejor para nosotros. Un rey o una reina piden ayuda superior, la aceptan y le hacen sitio, pues se saben inmensamente protegidos por el Universo. Si se enamoran de alguien solicitan ayuda extra. ¿En qué consiste esa ayuda extra? Sencillamente, en ponerse en manos del Universo, en elevar esa relación en el ámbito divino: «Dios, el Universo, se ocupa de esta relación». Y asumir, lo mismo que aceptar, que sucederá sólo aquello que es lo mejor para uno, no importando lo que sea. Imaginemos que te enamoras o encandilas con alguien, y te creas la ilusión o fantasía de que esa persona es la persona de tu vida, tu alma gemela (puede que lo sea en el ámbito de alma pero no esté destinada a estar largamente en tu vida, tal vez porque haya otra más adecuada para ti o por lo que sea). Si la relación se desarrolla, simplemente, desde el nivel de la personalidad, y tu ego (Yo inferior) no está muy saneado o equilibrado, te forzarás a proseguir con la relación aún cuando ésta desestabilice tu vida y no seas feliz, transigiendo todo tipo de conductas malsanas, incluso humillantes, con tal de seguir con esa persona. Si, por el contrario, la relación la llevas desde el nivel del alma (se desarrolla desde eso conocido como Yo superior), no impedirás el final de la relación. ¡Al contrario! Es posible que lo propicies al no tragar con las conductas irrespetuosas del otro ni permitirle que te trate como a una mendiga en vez de como la reina que eres.

Las sacudidas literales del coche se traducen en un «sentirte incómoda», un «nivel de ansiedad superior al normal» (una ansiedad que va más allá de la física), «sensibilidad que percibe información imperceptible para otros», «lógica muy despierta y lúcida» o «sincronicidades constantes». Estas sincronicidades pueden ser cosas como:

• Estando contigo, le llama una supuesta amiga y se pone nervioso.

- Le llamas y está con una amiga (que lo fue en el ámbito sentimental y a la que no ha hablado aún de tu existencia).
- Vas por la calle y casualmente le ves con otra del brazo; alguno de tus amigos le ve en algún lugar con otra.
- Recibes información extra en sueños significativos.

Cuando una persona vive su vida en sintonía con el Uni- verso (su inconsciente tiene «línea directa» con el inconsciente colectivo, término acuñado por C.G. Jung), las señales de «sacudidas» son muy claras, pues la incomodidad, la sensación de «desastre inminente» no son propias de relaciones claras ni van asociadas a personas de las cuales no nos podemos fiar. Cuando uno se siente mal, rematadamente mal, con ansiedad, como viviendo encima de un polvorín a punto de estallar, con toda seguridad así es: la relación es un polvorín a punto de estallar. Por consiguiente, si eres rey o reina y vives tu vida en sintonía con el Universo, si muestras al mundo el alma que eres, debes estar dispuesto y preparado para las sacudidas. Admito que no te gusten, pero son, a la larga, extremadamente beneficiosas, pues te evitarán un montón de noches sin dormir y te ahorrarás muchas mañanas de amargo despertar y mucho cariño desperdiciado.

Cuando te enamores, ¡pide ayuda celestial!

Te ayudarán a resolver el enigma en breve tiempo.

La careta, cuando la hay, se tambalea enseguida.

A mí, particularmente, me gusta «sacudir las aguas», lo cual se deriva de una teoría que tengo y que es la siguiente: al principio del cortejo todo el mundo parece maravilloso y viste sus mejores galas. Como reina que soy, sé que «las cosas no siempre son lo que parecen». Por consiguiente, lo que se muestra al principio puede no ser realidad sino interpretación. Y créeme: hay gente que interpreta muy bien, tan bien que a uno le es difícil detectar dónde termina la interpretación y comienza la realidad. Por ello, «sacude las aguas»:

- Fase 1: pregunta, pregunta, pregunta. Haz preguntas aparentemente contradictorias. Pregunta para especificar. Pregunta para clarificar. Pregunta para comprobar. Pregunta para abrirte camino. Pregunta para despistar.

- Fase 2: escucha, escucha, escucha, con todos los sentidos, incluido el común y el intuitivo. Escucha lo que te dicen, no lo que te quieren decir, y para ello no hay como dejar de lado las palabras y centrarse tanto en el lenguaje corporal y facial —no verbal— como en el lenguaje tonal (tono, ritmo, volumen y melodía de la voz). Escucha y siente lo que te dice tu intuición, tu sexto sentido. Si algo te «suena mal», no te «cuadra», no te convence, no te parece congruente, «te rechina», te produce ansiedad, te incomoda, no te deja tranquila, haz caso a tus instintos. No prestes atención a lo que él te diga, no le hagas ni caso. En su lugar, has de prestar atención a tus instintos, y creer y confiar en lo que ellos te cuentan. Tienes derecho a sentirte mal, y si te sientes mal, ¡por algo será! Quien se siente mal suele ser la voz de nuestro niño interno, nuestra verdad y sinceridad, nuestra sabiduría del alma. Y esa voz nunca nos cuenta «milongas», como él (o ella) puede hacerlo... Haz caso de tus instintos, más vale largarse al principio de la relación que hacerlo cuando han transcurrido unos años, un matrimonio, unos hijos, unas hipotecas vitales, unas arrugas de más, etcétera.

¡Haz caso de las sacudidas y detente en la gasolinera más próxima si quieres evitar un reventón de rueda en plena conducción a más de 160 kilómetros por hora y con el pavimento mojado!

«Qué dura que eres con estas metáforas», a buen seguro estarás pensando.

Dura, puede.

Pero con toda seguridad, realista.

Una reina ha aprendido a sujetarse la corona y a no hacer caso omiso de las sacudidas.

Si te sacuden los de arriba, ¡párate!

Ellos nunca sacuden por nada, suelen tener mejores cosas que hacer que tomarte el pelo. En todo caso serás tú la que se tome el pelo a sí misma, o se lo deje tomar. Porque ellos, el «Equipo A», nunca dan puntada sin hilo. Créeme, lo sé por experiencia directa.

¿Que no quieres estar sola?

Probemos con las siglas:

Sensible.

Original.

Líder.

Auténtica.

Yo soy una reina a la que le encanta estar S.O.L.A. (Sensible, Original, Líder, Auténtica.)

Y a ti, ¿te gusta este nuevo enfoque?

Estar sola, sin pareja, en el presente no significa estarlo de por vida. Tú decides qué haces con tu línea del tiempo. La situación del presente la puedes eternizar. Ya lo dijo Einstein: el tiempo es relativo y uno puede quedarse eternamente en un presente inmutable, si así lo decide. Por el contrario, puedes decidir evolucionar y tener un presente diferente a tu pasado, pero para ello algo tendrás que hacer. Dicen que la realidad externa no es más que un reflejo de la realidad interna. O lo que es lo mismo, cuando lo que veas fuera no te guste, ve dentro y modifica en ti lo que tengas que modificar. Si sueles sentirte atraída por hombres-caballeros de armadura demasiado oxidada, por algo será. Piensa que colaboramos por acción o por omisión con todo lo que acontece en nuestras vidas. Puede que no te guste semejante responsabilidad, pero a la larga es más productivo asumir las riendas de la vida de uno que dejarlas en manos de los demás. Nadie tiene la culpa de lo que te sucede, ni siquiera tú misma. No obstante, no siendo culpable, sí eres responsable.

Responsabilidad sí, culpabilidad no.

A veces basta tan sólo con modificar la forma de pensar, cambiar una creencia. Entonces, fuera todo pasa a ser diferente. Muchas veces existen creencias dentro de nosotros tan disimuladas y escondidas que no logramos alcanzarlas hasta habernos pegado unos cuantos coscorrones vitales. Si crees que una relación te va a quitar libertad, y también crees que el amor es lo mejor de la vida, lo que tienes es un par de creencias que colisionan entre sí.

La solución: buscar la forma de armonizarlas.

Siempre se puede crear un tercer mapa, una combinación de dos cosas aparentemente opuestas.

No es malo estar solo, pero lo opuesto también es cierto y viceversa.

Sacúdete el polvo de la corona, ponte de pie y estira la columna, deja que la luz inunde tu rostro. Date un paseo por tu reino: evalúa el estado de tu ejército, repasa las provisiones y decide qué quieres hacer (y lo que ya no quieres hacer), y qué vas a hacer para lograrlo. Luego ponte en camino. No esperes a que tu rey aparezca para ser feliz. La paradoja se basa, probablemente, en que mientras no hayas aprendido a ser feliz por y para ti misma, no aparecerá nunca, y encima te habrás pasado la vida sin ser feliz esperando a que apareciese.

¡Me encantan estas paradojas de la corona!

Si lo que deseas es un rey con quien juntar reinos, tener hijos y demás, que así sea. Estás en tu derecho a querer eso. Ojalá que lo consigas. Pero eso no se logra así como así.

Tú has de ser reina, ante todo y sobre todo reina de tu vida. Sólo siendo reina se puede atraer a un rey.

Solamente siendo un rey se puede conquistar —permanentemente— a una reina.

Sé tu misma y sé feliz cada día de tu vida. Mímate, cortéjate y hazte sentir la reina más reina del mundo mundial. Una reina con un bello reino y mejor castillo donde no falte de nada. Haz de cada día de tu vida un motivo de celebración. Pégale una patada a todas las afirmaciones sociales que dicen que las mujeres brillantes, inteligentes, líderes, ocurrentes y con personalidad son unas fracasadas emocionales, pues los hombres brillantes las prefieren discretas y menos luminosas.

¡A la porra con semejante memez!

Piensa que lo contrario también es cierto.

¿Quieres en tu vida a un hombre ante el cual tengas que esconderte para que te ame?

¿Quieres pasarte la vida en una película de tercera regional? ¿De verdad?

Permíteme que no esté de acuerdo en que te sometas a semejante ultraje; no puedo hacerlo mientras lleve traje de mujer y esté aquí en la Tierra. Ni puedo ni me da la real gana, ¡qué quieres que te diga! Si un hombre en su sano juicio no aceptaría jamás una denigración así, ¿por qué tú, por el hecho de llevar traje de mujer, sí lo aceptarías? Nunca finjas ser quien no eres ni disimules tu luz. Ya es hora de que la segunda fase de la revolución femenina dé comienzo en este mundo. Las reinas nos hemos de poner de pie, colocarnos la corona y salir al mundo para demostrar que una mujer tiene derecho a ser quien es, airearlo y sentirse orgullosa de ello, no siendo esto menoscabo de su feminidad ni de su sensibilidad ni dignidad.

El mejor regalo que nos podemos hacer es el de la autenticidad. Hemos de sanar la herida emocional en el ser humano. Por eso creo que tantas almas maravillosas y evolucionadas han escogido el traje de mujer para su vida en este momento del mundo, para ayudar a la humanidad a sanar la herida ancestral de separación: la separación entre lo masculino y lo femenino, y su enfrentamiento. Ya lo dice la Biblia: «Lo que Dios ha unido, que no lo separe el hombre». Y no se refería precisamente al matrimonio eclesiástico, sino a la unión indivisible existente en todo ser humano: lo indivisible son el animus y el anima existentes en nosotros, de ahí que nos sintamos tan mal en esta sociedad del siglo XXI.

No deberíamos seguir viviendo en esta esquizofrenia esencial que viene perpetuándose desde hace siglos (hombres y mujeres en el exterior: somos lo mismo en el interior).

Entre todos hemos de mejorar la situación.

¿No crees?

Tú eliges lo que quieres creer.

Hay quien piensa que hombres y mujeres son diferentes, así puede perpetuarse eternamente la discriminación existente entre ambos. Ya se sabe: la mujer es inferior al hombre en muchas cosas. Si tú quieres seguir alimentando esta mentira, ¡allá tú! Yo hace tiempo que me coloqué la corona y me relaciono con el mundo siendo una reina, una faraona.

«Si has intentado encajar en algún molde y no lo has conseguido, probablemente has tenido suerte. Es posible que seas una exiliada, pero has protegido tu alma. Cuando alguien intenta repetidamente encajar y no lo consigue, se produce un extraño fenómeno. Cuando la proscrita es rechazada, cae directamente en los brazos de su verdadero pariente psíquico, que puede ser una manera de estudio, una forma artística o un grupo de personas. Es peor permanecer en el lugar que no nos corresponde en absoluto que andar perdidas durante algún tiempo, buscando el parentesco psíquico y espiritual que necesitamos. Jamás es un error buscar lo que una necesita. Jamás.»

CLARISSA PINKOLA ESTÉS,
*Mujeres que corren con los lobos**

* *Op. cit.*

6

«Cuando una mujer dice su verdad, cuando enciende su intención y su sentimiento, y permanece en estrecho contacto con la naturaleza salvaje, canta y vive en el río del aliento salvaje del alma.»

CLARISSA PINKOLA ESTÉS,
*Mujeres que corren con los lobos**

Si todas las reinas del mundo hubiesen sido solteras, te diría que te quitases la corona a menos que quieras seguir soltera de por vida. Pero dado que la historia está llena de mujeres maravillosas que se casaron moral o literalmente con hombres fantásticos (muchos de ellos anónimos), te animo a que sigas llevando la corona y que apoyemos a este mundo en su revolución silenciosa hacia la unidad del ser humano, hacia un ser humano evolucionado que rija su destino desde el nivel del alma, puesto que, por fin, se habrá comprendido que somos seres espirituales viviendo una experiencia humana.

Obviamente, siempre puedes optar por no formar parte de este grupo especial de mujeres líderes, valientes y comprometidas con el género humano de este siglo XXI. No obs-

* *Op. cit.*

tante, yo y todas las reinas del mundo te animamos a que te unas a nosotras. Ellos nos seguirán —algunos ya lo hacen—, y no dudes que, tarde o temprano, se unirán a nuestra causa y lucharán junto a nosotras por un mundo mejor y más equilibrado.

Sin sueños no existe el progreso.

Sin sueños el mundo se queda sin magia.

Sueña, sueña un mundo mejor.

Una vez leí que la gente sensata se adaptaba al mundo, mientras que la gente insensata adaptaba el mundo a sí misma. Y que, gracias a estos «insensatos», el mundo ha podido evolucionar.

Volvamos pues a re-evolucionar, ya es hora de que nos pongamos la corona y salgamos al mundo, a un mundo falto de igualdad, hambriento de amor y sediento de autenticidad. Es muy cansado pasarse la vida con la careta puesta. Muy cansado tener que fingir lo que uno no es, y todo por un mendrugo de aceptación por parte de otros que, a su vez, también interpretan su vida.

Entre fingidores anda el juego de la vida.

¿Así quién puede ser feliz?

Creo que nadie.

O nos rendimos o luchamos por crear una diferencia y contribuir a que el mundo mejore.

Cada vez que alguien se queja de esto o de lo otro, le respondo lo mismo: «Empieza por cambiar tú. Conviértete en eso que tanto anhelas, y al menos serás el socio fundador del club, y seguro que otros vendrán, pues tendrán un club a donde ir». Si nunca empieza nadie, nunca habrá nadie a quien secundar. Los pioneros abren caminos. Nadie dijo que fuese fácil ser pionero, por lo que para dicha tarea se suelen prestar almas muy evolucionadas y revolucionadas que llegan a esta vida pertrechadas con todo lo necesario.

¿Eres tú uno de los nuestros?

Ponte la corona.

Ponte la corona y destierra esa idea de que no hay hombres que merezcan la pena. En vez de alimentar dicha realidad fea y desalentadora, dedícate a construir un futuro mejor: cambia y fabrica nuevas ideas. Conviértete en una mujer reina, a la que todo rey querría por colega, compañera, amiga, esposa... Y convéncete de una cosa: si existes tú, si de verdad hay mujeres maravillosas, también hay hombres buenos y fantásticos. Busca en el interior de la gente y hallarás luz, belleza y amor.

De lo que pides, ¿qué ofreces?

Muchos hombres aspiran a tener una mujer fantástica, bella por dentro y por fuera, buena esposa, elegante, inteligente, buena cocinera, buena madre y, además de todo esto, que se enamore perdidamente de ellos, y que sea discreta, que no les haga sombra. Hasta aquí nada que objetar. Pero si nos detenemos a examinar de cerca a muchos de esos aspirantes a tener reinas en sus vidas, veremos que aspiran a tener algo en sus vidas para lo cual no están preparados ni a la altura de las circunstancias. Si pides una reina, has de ser un rey. Si no, apártate de su camino.

Si de verdad eres una reina, atraerás a un rey. Todos los demás se irán de tu camino, huirán de tu reino porque no podrán soportar el peso del compromiso con un ser de verdad.

¿Estás dispuesta a comprometerte?

¿De verdad sabes qué es el compromiso del corazón?

¿Estás dispuesta a esperar a tu rey o te basta con que sea príncipe para sentarle en el trono destinado a un rey?

Hay hombres guapos, físicamente hablando, de esos que gusta mirar, pero con un corazón tan vacío que da miedo asomarse a su vida. No tienen intención alguna de quedarse en la tuya, por la sencilla razón de que para eso han de comprometerse contigo, y eso significa tener que renunciar a todas las damiselas de diadema floja que pululan a su alrededor dispuestas a consolarles las noches de soledad y a aguantarles todas las salidas de tono que se les antojen. Suele tratarse de hombres con pánico a amar, huidizos del compromiso del corazón, que no harán sino dejar el tuyo maltrecho si se te ocurre asirte a ellos y no leerles la cartilla nada más comenzar la relación. Hazlo. Sí, léeles la cartilla, te ahorrarás mucho sufrimiento innecesario. Cuánto más aguardes a leérsela, más cupones de sufrimientos futuros acumularás, y acabarás por tener suficiente como para conseguir la cristalería entera... Si te callas por miedo a que se asuste, o porque no quieres que piense que le presionas o que vas demasiado deprisa o que estás desesperada o más comprometida que él en la relación... Si, en vez de pensar en ti, te dedicas a pensar por él, seguro que te llevarás un chasco. Cállate, aguántate las preguntas, muérdete las verdades y atente a las consecuencias. Lo más probable es que tiempo después acabes por descubrir que «lleváis velocidades distintas». Se trata de un eufemismo que significa que, mientras tú te habías hecho la idea de que ambos estabais construyendo una relación, él estaba pasando el tiempo y entreteniéndose contigo hasta que llegase otra que le gustase más, con la que no tuviese que comprometerse ni le diese la vara. Averigua desde los inicios si hay posibilidades o no de una relación tal y como tú la deseas.

Mucha gente tiene miedo al compromiso, huye de sus propios fantasmas como alma que lleva el diablo.

¿Eres tú una de ellos?

Por favor, no rescates a nadie de sus miedos. No lo intentes. Deja que se lleve a sí mismo a un *coach* o a un terapeuta, pero no trates de hacerle de mamá ni de asesora. No todos los guapos son fóbicos al compromiso, no todos. Ni tampoco todos los feos están dispuestos a comprometerse.

Sea guapo, feo, rico, alto, bajo, pobre, rico, inteligente, brillante, lumbrera, genio, normalito, cachas o mediterráneo, lo importante es que recuerdes que tú no eres la única en la relación: dos es el número. Y entre dos es a compartir la responsabilidad de la relación. Por consiguiente, ni dejes de ser tú misma, ni asumas la responsabilidad absoluta, ni tires únicamente tú del carro, ni te dediques a hacer tonterías de cualquier tipo en pro de mantener a flote una relación imposible... Deja ya de leer revistas de esas llamadas femeninas que no hacen más que derretirles la neurona a las mujeres, dándoles consejos acerca de cómo conquistar a un hombre. Si quieres acabar en el club de las sombras, hazles caso. Tu belleza interior, tu luz, tu autenticidad deben bastar para atraer a un hombre. Ten en cuenta que una persona auténtica, que brilla su luz, es bella en el exterior (y no tiene por qué coincidir con los cánones sociales de belleza), pues la gente que es ella misma emana una luz especial que la hace muy atractiva a ojos de los demás; es como un imán al que no pueden resistirse...

La luz del alma es imposible de ignorar.

Palabra de reina.

Destierra de una vez por todas la idea de que eres menos que un hombre por ser mujer, o de que te has de convertir en una muñequita linda para agradar a tu hombre... Si tú has de ser muñequita linda, entonces que él sea muñequito lindo.

Igualdad de condiciones.

Nadie es perfecto, ni tú lo eres ni él tampoco.

Ahora bien, en verdad, somos perfectos...

¿No te lo crees?

Estás en tu derecho. Pero permíteme que te diga que eres lo mejor que puedes ser en este momento de tu vida. Sí, es cierto. Y te diré más. Ser lo mejor de uno mismo, ser la perfección del alma, no significa que uno no pueda seguir evolucionando. Precisamente en la perfección reside la clave, y es que sólo se puede evolucionar desde esa perfección atemporal, eterna y sublime que es el alma. Cuando nos enamoramos de alguien, lo vemos perfecto, genial. Es con el desamor cuando comenzamos a criticar al otro (les sucede igual a las personas con baja autoestima), y a echarle en cara que «ha cambiado y ya no es como era antes». Sigue siéndolo: la clave, la explicación, se reduce simplemente a que le hemos arrebatado nuestro amor, y ese dejarlo desnudo del milagro que el amor obraba en nuestros ojos, conlleva que la magia haya emigrado de su contorno, dejándolo reducido a un ser desprovisto de magia. Su condición de perfecto, la perfección de su alma, sigue respirando en su ser, pero nosotros ya no podemos percibirlo, sencillamente, nos hemos desconectado. Por consiguiente, si uno estuviese siempre enamorado de alguien, le veríamos perfecto, veríamos su realidad, pues es el amor el que obra ese milagro, el de ver al otro en su realidad, la del alma, y el alma no tiene otro estado que el de la perfección dinámica. Los ojos de los enamorados se iluminan, y ven al otro de puro «color rosa»: todo lo que hace, dice, ríe y calla nos fascina, nos enamora aún más transportándonos en nuestra fascinación a mundos de alegría soñada pero no sentida... El amor es el don más sublime del alma, y cuando cantamos la canción que llevamos en el corazón vemos belleza a nuestro derredor. Por eso, cuando estamos enamorados, vemos las cosas más luminosas de lo habitual. Los ojos son las ventanas del alma, y cuando se abren sólo puede salir luz por ellas... Observa y verás ojos que esparcen chispas de luz dorada. Son los ojos de seres especiales, sencillos en su vivencia humana, que aman a la gente por sí misma, aceptan sus peculiaridades y se centran en la bondad intrínseca que exhala la perfección de un alma en paz consigo misma.

Por consiguiente...

... si eres inteligente y sabia...

... si te amas de verdad...

¡Serás auténticamente tú, y solamente tú misma!

No adoptes los patrones disfuncionales de algunos hombres: no te conviertas en una bloqueada emocional.

No permitas que te salgan quistes en el corazón.

Una reina no se hace esas cosas a sí misma.

Una relación no se construye de la noche a la mañana, para ello la amistad permite un territorio maravilloso de exploración. Lo cual no quiere decir que todas las historias de amor hayan de pasar forzosamente por un largo período de amistad. No obstante, si no se crea complicidad y amistad entre ambos podrá haber mucha pasión, pero sólo eso, y la relación acabará por apagarse inexorablemente. Desdichadamente hay gente a la que se le enciende una chispa tras otra y no les cuaja ninguna.

¿Por qué?

Sencillamente porque les encanta el efecto chispa, buscan la adrenalina que se libera, pues les hace olvidar por un momento su realidad interior —vacío, soledad, pánico a amar, miedo al abandono, miedo a que les dejen de amar, desvalorización—. Mientras la adrenalina haga las veces de droga serán adictos a los chispazos iniciales de las relaciones, por el efecto resultante: las cumbres a las que los elevan. Una vez pasado el efecto chispazo querrán más de lo mismo. Y, por regla general, eso no suele darse otra vez con la misma persona, sino con una nueva, otra desconocida a la que no les une lazo afectivo alguno, de ahí que pueda surgir la chispa. Sin lazos afectivos no hay compromiso, y sin éste no hay miedo.

La gente adicta al chispazo amoroso suele ser adicta a algo más: alcohol, trabajo, comida, etcétera. También suele exhibir algún desorden emocional bastante claro: desorganización (de su agenda, casa, ropa, ideas, coche...), incumplimiento de compromisos —faltar a la palabra dada, hablar por hablar sin medir las consecuencias—, ausencia de profundidad emocional —no están en contacto con sus propias emociones—, ensoñación sin análisis —sueñan pero no evalúan las posibilidades, no analizan cómo se puede trasladar ese sueño o proyecto a la realidad—. Y todo porque lo único que les interesa es soñar por el efecto adrenalina evasora de la realidad que les produce ese soñar y soñar. También son adictos a la duda (no posicionarse, no tomar partido por algo y comprometerse), y reaccionan a los impulsos externos sin detenerse a analizar y sopesar los efectos o consecuencias (posiblemente lo que les impulsa a reaccionar es evitar un castigo, pero cuando esto no existe no esperes que reaccionen, sólo tendrás silencio). Los fóbicos al compromiso, los que carecen de contacto con sus emociones, suelen ser bastante inseguros, gente con una autoestima baja, cuyo sentido del humor emigró a otra galaxia. Por si no lo sabías, la gente con un saludable nivel de autoestima tiene un sentido del humor muy ejercitado: se ríen hasta de su sombra y, como los ángeles, se toman a sí mismos a la ligera —se dice que por esa razón vuelan—. Si ese hombre que te gusta carece de sentido del humor o lo tiene flojillo, ya puedes concluir que su autoestima está baja. Consecuencia: en vez de sentirse orgulloso de tener a una reina en su vida, te vivirá como una maldición, y además te restregará por la corona que quiere sentirse como el primer día contigo, y que ya nada es igual que era...

Recuerda: la profundidad le da miedo y le encanta la adrenalina del chispazo.

Los fuegos artificiales déjalos para las Fallas o para las fiestas del pueblo... No rodees tu corazón de chicos a los que les fascinan los fuegos artificiales: se encienden muy rápido, brillan mucho, se consumen velozmente y te dejan con la boca abierta preguntándote: «¿De verdad ha existido?».

La culpa no fue tuya.

Era un chico de fuegos artificiales.

Punto.

En vez de culparte, aprende para la próxima. En esa próxima ocasión no te tires a la piscina enseguida, no enciendas la mecha, no hagas nada. Y, para variar, cuida de tu corazón y haz caso a tu intuición y a tu sentido común. Si eres tú misma y él es un rey, con el tiempo así se demostrará.

No tengas prisas.

¿Existen los hombres de verdad, sinceros, auténticos, comprometidos...?

Cierto. Existir, existen.

Algunos de ellos también tienen el corazón herido porque una mujer les arañó el alma. No todas las mujeres, por el hecho de ser mujeres, son buenas, amables, sensibles, sinceras, amorosas, auténticas... Haberlas malas, malísimas, haylas. Por ello, nunca le admito a nadie que generalice. Hazte un favor, tú tampoco generalices ni admitas que te pongan en el mismo saco junto con millones de mujeres que en nada se parecen a ti excepto en llevar traje físico de mujer. Tampoco te hagas la trampa de meter en el mismo saco a todos los hombres: no todos son iguales, afortunadamente. Y ellas tampoco son todas iguales.

Volvamos a los hombres sensibles, de buen corazón, de fiar, honrados, sinceros, buenas personas, reyes en su alma. ¿Serías amiga de uno de ellos?

¿Seguro?

¿Estás dispuesta a tener una relación tranquila, sin adrenalinas, sin huecos emocionales que taparle al otro, ni tener que hacerle de mamá? Muchos hombres buenos están solos porque pasan desapercibidos ya que no van por ahí ligoteando a ver qué hay para cazar. Son discretos y van a la suya. Un día te lo pueden presentar en una reunión de amigos, o puedes encontrártelo tomando un café en un sitio relajado y con buen ambiente, o buscando un libro. Puede que te cruces con él en la sala de espera de un aeropuerto cualquiera, o que estés en casa de una amiga y vaya a llevarle algo a ella —es su amigo— y tú le abras la puerta. Puede que sea el dueño de un restaurante al que vas muy a menudo, o el profesor de alemán, o el amigo del profesor... Nunca se sabe. El mundo es un lugar lleno de posibilidades, y nunca sabes donde saltará la sincronicidad... Para ello, está siempre alerta.

Un rey es un rey.

Vamos a jugar a ser rey. Si tú fueses un hombre:

1. ¿Qué tipo de mujer te atraería?
2. ¿Qué características tendría que tener esa mujer a nivel físico, emocional, intelectual, espiritual?
3. ¿Qué te diferenciaría a ti de los demás hombres, sobre todo de esos fóbicos al compromiso, los machistas...?
4. ¿Qué tipo de experiencias vitales te habrían llevado a madurar emocionalmente y a plantearte en serio la posibilidad de una relación estable y comprometida?
5. ¿Cómo expresarías lo que es para ti el compromiso?
6. ¿Qué tipo de relación tendrías con tu madre y con tu padre?
7. ¿Cómo hablarías de las mujeres en general?

Recuerda que atraemos a lo igual, es decir, a lo igual que hay en nuestro interior, que hace juego con nuestras creencias, estado emocional, autenticidad y tipología del alma. Si eres una reina, y en esta Tierra hay un rey para ti, no lo dudes: acabará por aparecer en tu reino. Palabra de reina.

SUEÑOS REALES, REALES SUEÑOS

«Cantar significa utilizar la voz del alma. Significa decir la verdad acerca del propio poder y la propia necesidad, infundir alma a lo que está enfermo o necesita recuperarse. Y eso se hace descendiendo a las mayores profundidades del amor y del sentimiento hasta conseguir que el deseo de relación con el Yo salvaje se desborde para poder hablar con la propia alma desde este estado de ánimo. No podemos cometer el error de intentar obtener de un amante este gran sentimiento de amor, pues el esfuerzo femenino de descubrir y cantar el himno de la creación es una tarea solitaria, una tarea que se cumple en el desierto de la psique.»

CLARISSA PINKOLA ESTÉS,
Mujeres que corren con los lobos*

Con lo sencillo que es ser uno mismo... Y, sin embargo, hay que ver cómo llegamos a complicarnos la vida a modo de deporte existencial, como si no hubiese nada mejor que hacer ni fuese posible otra forma más interesante de pasatiempo con el que entretenerse en este mundo mundial. Mientras algunos

* *Op. cit.*

esconden su luz dentro de kilos de más, otros se parapetan detrás de libros, horas trabajadas a destajo sin sol ni luna alguna, o se ahogan en líquidos y fluidos varios. Pero el sueño real nunca cesa, acabando por erupcionar, llevándose por delante todo lo que impide el brillo de la luz eterna del alma. A veces pedimos a gritos la llegada de un terremoto existencial, algo que sacuda nuestras estructuras y deje al descubierto la verdad de nosotros mismos, nuestro tesoro, en suma.

No te escondas más de ti, sal a la luz, deja atrás los miedos.

Emerge cual estrella fulgurante y date la oportunidad de encontrarte con tus compañeros de destino, tarea para la cual voy a compartir contigo una receta que las hadas usan para estos menesteres, y que no suele fallar.

Soñemos

Érase una vez un sueño que quería ser soñado.

Uno ciertamente hermoso.

Andaba de acá para allá tratando de llamar la atención, porque era bello en su esencia, hermoso en su estructura y práctico en su significado.

Un sueño que quería ver la realidad de su mensaje extendido en la amplitud del tiempo y el espacio.

Un sueño que nunca dejó de creer en su misión.

Todas las almas, antes de enfundar su traje físico o de encarnar en la Tierra, llevan el sello de la eternidad: la inocencia del alma primigenia. Una inocencia que la mayoría acaba por relegar al museo de los horrores tratando de conjurar su magia y su atrevimiento, simplemente porque su fuerza sacude estructuras, dejando al descubierto la verdad de nosotros mismos y aniquilando mentiras existenciales que se construyeron al abrigo de la sana intención de sobrevivir en el mundo. No hay capa de engaño que resista el envite de la inocencia del alma primigenia. No hay armadura existencial que no se deshaga cuando contacta con la pureza de dicha energía inocente.

«Inocente» suele ser un vocablo temido, proscrito, ahuyentado, evitado, odiado, vilipendiado, ignorado, usado para burla y mofa de propios y extraños. Nadie, en general, quiere ser tachado de inocente, pues es tomado como sinónimo de tonto, ignorante, imbécil, idiota, defectuoso, inferior en inteligencia...

Inocente.

Inocente es aquel que conserva la autenticidad y la verdad de su esencia. La inocencia es la ausencia de la contaminación del alma. La inocencia no concibe la malicia, es inocua y no daña. Así es el alma.

Según el diccionario, inocente también se aplica al *niño que aún no ha llegado a la edad de discreción.* Siendo la discreción *la prudencia y el tacto para obrar o actuar. El don de expresarse con ingenio y oportunidad.* Donde el ingenio, a su vez, es *el talento para discurrir o inventar con prontitud y facilidad.*

Volvemos al alma, inevitablemente.

Porque la inocencia es la posibilidad del alma de expresarse sin reservas ni cortapisas.

El inocente sueña la verdad, la autenticidad de su alma. Libre de culpa no hay nada que temer ni esconder. La inocencia también es simplicidad, y ésta es un arte del alma, porque el alma no se complica la vida con tonterías varias de sociedad consumista y materialista que se rige tan sólo por aquel dicho que reza «tanto tienes, tanto vales». Un efecto palpable de vivir inmerso en la simplicidad es que uno renuncia a la mentira social en pro de su verdad interior. Y, en ese estado de gracia, las cadenas caen y podemos elevarnos libres en nuestro camino de libertos cuya imagen regresa al origen. Una vez re-sintonizados con nuestra realidad interior ya no hay quien pueda convencernos de meter la cabeza debajo del ala y esconder nuestra luz excelsa. En el reino de la simplicidad, las almas viven en su congruencia y se bañan en su consecuencia.

Un alma cándida es aquella que sólo ve la luz en los demás, esperando de sus semejantes autenticidad, coherencia, congruencia y responsabilidad sobre su vida, su destino, acciones y omisiones. Un alma cándida no es una ignorante de la realidad de la vida mundana, simplemente no se enreda en el miedo ni en la oscuridad de las almas que han ahogado su vida en rabias, rencores, disfraces, odios y celos. Por ello Jesús dijo: «Lo que a uno de ellos hagas, a mí me lo haces». Quería explicar a la Humanidad, mediante una metáfora, que todos estamos unidos en el mismo mar de energía, pues somos una misma Luz, ya que no responsabilizarse de la propia vida, esto es, de nuestras acciones y omisiones, pensamientos y faltas de respeto, desemboca en un envenenamiento del alma y en un alejamiento irremisible de la inocencia. Dicho comportamiento nos deja a la intemperie como presas fáciles de la oscuridad que, a su vez, llena nuestros canales vitales de contaminación y de suciedad hasta que olvidamos nuestro ingenio.

El sueño.

El alma usa el canal del sueño para verter información vital sobre nuestra realidad humana. Con sus mensajes, trata de despertar nuestra conciencia y hacernos reaccionar, si es necesario, ponernos en pie de guerra, ajustarnos la corona y lanzarnos a la conquista de nosotros mismos, la recuperación de la inocencia perdida en tanta batalla vital, y la restitución de la dignidad como consecuencia del reencuentro con el alma olvidada.

Llegado el momento, ninguna barrera de contención puede soportar el envite de la luz de la verdad inocente del alma que empuja las máscaras de engaño, sacude las estructuras ficticias y deja al descubierto el tesoro que albergamos en nuestro interior, lo que somos, en suma.

Sueña.

¿Qué te cuentas en sueños?

¿Cuáles son las experiencias vitales, contratiempos, errores, quejas, desencuentros, consecuencias, resultados, logros, magias, sueños... con los que sueles agasajarte a menudo y de forma reiterativa?

¿Cuáles son las esperanzas secretas de tu alma?

¿Qué es lo que más te gustaría hacer de no tener limitaciones de ningún tipo?

¿Adónde irías?

¿Con quién vivirías, saldrías, compartirías tus días, noches, verdades, amaneceres, atardeceres, copas, triunfos, lágrimas, luz y magia hadada?

¿Por qué te colocarías la corona?

¿Por qué no te la quitarías jamás?

¿De qué ya no tendrías miedo?

¿Qué te atreverías a hacer que aún no has hecho?

Sueña, y así el alma que eres vivirá su propio sueño de vida.

La realidad es simplemente el mundo de sueños del alma.

El alma es el campo donde la magia es cotidiana y los sueños se hacen realidad, desde el punto de vista de la realidad humana.

Los sueños son los pensamientos del alma.

Y el alma piensa en abstracto, usa metáforas, analogías y simbología para expresarse. Los arquetipos son las estrategias que el alma ha creado a modo de puente para que la personalidad, con su mente consciente, pueda cruzar al territorio del sentido y de la comprensión de su propia alma, abrazando así su genialidad, y beber del manantial de su inocente esencia.

«Se podría decir que los arquetipos, cuya morada nadie conoce, constituyen toda una serie de instrucciones psíquicas que atraviesan el tiempo y el espacio y ofrecen su sabiduría a cada nueva generación.»

CLARISSA PINKOLA ESTÉS,
Mujeres que corren con los lobos*

Te lo prometí: espera un milagro.

Son cotidianos en el reino del alma. Por consiguiente, una vez construido el puente y restablecida la conexión entre consciente e inconsciente, el ingenio cruza el puente y se reúne con la realidad terrena para redefinirla y dotarla de sentido. Todo es perfectamente entendible. Todo cobra significado. No obstante, dicho significado siempre estuvo ahí, al alcance de la mente consciente. El alma se complace de su inocencia, y deja que fluya la candidez de su hálito divino. La dignidad recuperada nos abre las alas y nos anima a caminar firmes, con elegancia y determinación nuestro camino vital permitiendo que nuestro destino florezca al abrigo de la autenticidad de quienes somos.

Sueños reales.

Reales sueños.

Soñando hasta el final de la vida en la Tierra.

Soñando hasta el regreso a la eternidad.

Si tu vida fuese un sueño, ¿qué mensaje crees que estaría tratando de contarte? Observa tu vida humana en la Tierra

* *Op. cit.*

como si de un sueño se tratase. Busca y detecta los patrones repetitivos. Analiza con precisión mágica el significado oculto a modo de símbolos, en las personas, acontecimientos, pensamientos, encuentros, desencuentros, errores y aciertos que suelen darse en tu vida cotidiana. Al fin y al cabo, los sueños nocturnos son una «segunda oportunidad» de entendimiento de eso llamado realidad que nos presentamos a nosotros mismos. El alma que somos ha venido a cumplir con un destino, siempre mágico, siempre maravilloso, y por ello no podemos permitirnos el lujo de ignorarlo, extraviarlo o fingirlo.

Sueña.

Abre los ojos y sueña.

Ponte la corona y comienza a regir tu destino de una vez por todas.

Eres la reina de tu vida.

Eres el rey de tu vida.

Te mereces tener trono, corona y cetro. ¡Ah! Y calabazas para dar y repartir, incluso para comer si hace falta.

La reina se soñaba a sí misma y, cuando se atrevió a salir de su escondite y mostrarse tal cual era, se dio la oportunidad de ser vista por el rey. Ella se puso la corona. Se irguió y comenzó a caminar su destino real. Siempre la habían tachado de inocente, y cierto que lo era. Su salvación fue que nunca perdió la inocencia. Eso es lo que hizo que a su genialidad le fuese muy fácil abrirse camino entre las brumas y los olvidos del consciente humano. Dentro de ella había un hermoso símbolo, uno que quedó al descubierto a raíz de cierto terremoto existencial. A la reina le sacudieron las estructuras, sencillamente porque ella no se sacudía la comodidad de encima, y fue necesario darle un buen empujón, uno sonoro, contundente y definitivo. Y el mensaje simbólico quedó al descubierto.

¿Cuál era? Te lo cuento: un Jaguar descapotable de color blanco. Para la reina tenía pleno sentido, pues ella conocía a alguien con un coche así y entendía el mensaje, la metáfora que aquella mujer —dueña de un coche Jaguar descapotable blanco— significaba para ella: cambio de rumbo en dirección a la prosperidad y a la creación de un destino propio. Cambio de oficio, cambio de residencia.

Cambios.

Cambios.

Sueños.

La casa en que vivía se desplazó sobre sus cimientos, como si un terremoto, al más puro estilo de los que se dan en San Francisco, la hubiese sacudido. No fue un terremoto sino un camión americano el que le dio un buen meneo, desplazando las paredes exteriores del edificio y dejando al descubierto el sótano de la casa, en cuyo interior aguardaba el Jaguar a que lo sacasen a la luz.

Sueños.

La llamada de la corona.

La llamada de la realidad del alma.

Cada vez que nos dan calabazas es una oportunidad para sacudirnos la armadura y recolocarnos la corona. No maldigas a ningún caballero de armadura demasiado oxidada que se haya cruzado en tu camino existencial. En vez de ello, aprovecha la sacudida para desprenderte de algo que no te sirve y que está tapando tu auténtico yo. Deja que la experiencia con el caballero de armadura demasiado oxidada te ayude a desprenderte de un velo de olvido para que la luz de tu inocencia se aproxime a la superficie de tu corona, al manto de tu verdad. No te empecines en seguir siendo damisela de diadema floja. Cada vez que maldices la experiencia con un caballero de armadura demasiado oxidada o te aferras a él tratando de conjurar tus miedos, te estás impidiendo vivir la inocencia de tu alma, y tu corona sigue perdida en la inopia de tu despiste vital.

Abre las puertas de tu casa.

Sal a tu destino.

Ponte la corona y reina sobre los sueños de tu alma.

Camina tus sueños reales.

Haz realidad tu magia.

Vive tu vida con la dignidad de una Reina (has enfundado traje femenino) o de un Rey (has enfundado traje masculino en esta vida).

Date tratamiento real precediendo tu nombre con la palabra mágica: «Reina» o «Rey».

Ponte la corona y deja que la inocencia de tus sueños despliegue su originalidad, ingenio y genialidad.

No hay nada más bello que un alma que viste su real realidad eternamente humana, humanamente eterna y divina.

Sueña sueños reales.

Vive reales sueños.

«Cabría pensar que, tras haber encontrado su propio territorio psíquico, las mujeres tendrían que sentirse desbordadamente felices. Pero no es así. Durante algún tiempo por lo menos, se sienten terriblemente desconfiadas. ¿De veras me aprecia esta gente? ¿De veras me encuentro a salvo aquí? ¿Está bien que me porte como un cisne? Al cabo de un tiempo los recelos desaparecen y se inicia la siguiente fase del regreso a la propia persona que consiste en la aceptación de la singular belleza del propio ser, es decir, del alma salvaje de la que estamos hechas. Cuando una mujer es ella misma, la belleza de su alma resplandece. Sabe que el reconocimiento y la admiración son el alimento del yo espiritual.

Por consiguiente, ésta es la tarea final de la exiliada que encuentra a los suyos: no sólo aceptar la propia individualidad, la propia identidad específica como persona de un tipo determinado, sino también la propia belleza, la forma de la propia alma y el reconocimiento de que el hecho de vivir en contacto con esa criatura salvaje nos transforma a nosotras y transforma todo lo que toca.

...Ya no nos echamos atrás ni nos escondemos en presencia de nuestra belleza natural. Como las demás criaturas, nos limitamos a existir y así es como debe ser.»

CLARISSA PINKOLA ESTÉS,
Mujeres que corren con los lobos
(capítulo 6, «El hallazgo de la manada y el patito feo»)*

8

LA REINA Y SU REY

La reina encontró a su rey, eso es cierto.

Se reconocieron.

Ambos tenían mucha experiencia en eso de las relaciones humanas y los desencuentros emocionales. No en vano, llevaban más de cuarenta y tantos años en la Tierra. Ambos habían dedicado mucho tiempo de sus vidas a convertirse en seres humanos maravillosos, dignos de un rey, dignos de una reina. Pero no te asustes: no a todos los reyes y reinas les lleva tanto tiempo encontrarse, aunque bien es cierto que, estadísticamente hablando, suelen hacerlo después de un primer divorcio, y no antes de los cuarenta años cronológicos.

La reina, una vez superado el acontecimiento vital con el caballero de la armadura demasiado oxidada —que emigró a otro país—, se dedicó a vivir su vida plenamente mientras preparaba su regreso a Italia. Una vez allí, llamó al rey y la historia comenzó. Al principio fue una amistad muy bella, aunque ambos sabían que lo que se estaba cociendo en su interior era algo más profundo y extenso que una simple amistad. Sin embargo, respetaron los plazos y el ritmo del destino, al igual que hicieran la primera vez. Ambos estaban absolutamente seguros de una cosa: si eran almas gemelas con un destino común, así sería. El destino les volvería a unir, igual que hizo aquella tarde en la que ella le abrió la puerta.

El Universo conspira para que dos almas predestinadas se encuentren en la Tierra. A menudo el primer encuentro ejerce tan sólo de «presentación», ya que la relación no se iniciará hasta tiempo más tarde (se desarrollará en el nivel consciente). No obstante, con el propósito de que ambos «tengan paciencia, perseverancia, persistencia y fe» en seguir esperando y buscando a su alma gemela, ambos son presentados con la intención, por parte de los dioses, de que «vayan abriendo boca» y como «adelanto del exquisito manjar que les aguarda».

Durante mucho tiempo, el rey se apareció en sueños a la reina y le contó diversas cosas sobre sí mismo. Le facilitó mucha, mucha información acerca de él, como ya te conté en capítulos anteriores. Y llegó el día en que le mostró claramente su rostro. De ese modo, ella aprendió a creer en sus sueños. Asimismo, se convenció a sí misma de que era una reina muy reina y que, como tal, se merecía solamente cosas reales —en todas las acepciones de la palabra— y seres auténticos de real corazón, esto es, almas viejas evolucionadas a lo largo de sus existencias y maceradas al abrigo de las lecciones aprendidas.

La reina se reconfortaba rememorando sus sueños, a la par que aprendía de ellos. Todos los sueños del alma se hacen realidad cuando uno se aferra a ellos y no los olvida. Son las fantasías o ensoñaciones de la personalidad las que se desvanecen en el túnel del tiempo, por ser meras quimeras y pura elucubración sin fundamento ni alimento alguno del alma. Únicamente los sueños del alma merecen la pena, ya que es la voz de ésta la que nos susurra información acerca de nuestro futuro en la Tierra. Un futuro que suele ser muy prometedor.

El rey de sus sueños, y nunca mejor dicho, era un hombre de bellos ojos, amable rostro y más hermosas palabras si cabe. Le contaba a la reina que debía creer en ella, que la amaba, y le rogaba que le esperase, que no se comprometiese con nadie. Solía aparecerse vestido tal y como iba en la vida «real» —esa que no pertenece a los sueños del alma, sino a lo que comúnmente la humanidad conoce como realidad, que no deja de ser el campo de sueños de la personalidad—, realizando actividades relativas a su vida humana. Una vida común, un oficio común, un rostro común, todo en él era aparentemente común. Si bien el alma que le daba sentido era excepcional. Un alma extraordinaria, fuera de lo común, como la de la reina.

Ambos se habían conocido ya en encarnaciones anteriores, lo cual les había permitido macerar y consolidar la relación. Hubo una civilización en la que se reunieron varias veces, si bien no siempre fueron pareja. En ocasiones fueron hermanos o, simplemente, grandes amigos del alma. La civilización a la que me refiero fue la que habitó en Egipto, aquélla de los faraones. De ella se trajeron en la memoria cósmica la igualdad entre hombre y mujer, la libertad de credos, la unión mística con el Cosmos, las verdades ancestrales acerca de cómo curar el alma cuando sufre en su vida humana —el cuerpo enfermo es el grito de petición de auxilio que emite el alma cuando está sufriendo—, la comunión de las almas y muchos conocimientos que les ayudarían tanto en su vida cotidiana como en su relación. Asimismo, sus ojos guardaban el brillo de las gentes de Egipto. De una u otra manera ambos reflejaban en sus ojos la esencia de aquella civilización y de sus vidas pasadas. Los ojos de la reina podían ser de muchos sitios (incluso le habían comentado que bien podía ser rusa por tener pómulos altos como los eslavos), pero claramente tanto su trazo almendrado como su color hacían alusión a la tierra de los faraones. Con los ojos del rey ocurría otro tanto:

eran enigmáticos y sonrientes a la par, ardientes, profundos e inescrutables como el desierto de Egipto, y eternos como las pirámides cuyo enigma nadie ha podido descifrar aún. Un alma a la que sólo podías abarcar con tu libertad y ceñir con los latidos del corazón. Un alma que se reflejaba en sus rasgos de guerrero chamánico... Podría ser egipcio, pero también podría ser un indio americano... ¡Quién sabe!

Asimismo, he de confesarte que el padre de la reina era un caballero de tez egipcia cuya fisonomía era propia de aquel lugar. No en vano mucha gente le había preguntado a la reina en más de una ocasión acerca del lugar de procedencia de su progenitor.

Tantas claves. Tantos recuerdos que los acercaban a través del tiempo y del espacio. Igualmente sus nombres contenían un mensaje en clave, pero eso a ellos no pareció importarles demasiado. Lo que de verdad contaba era el tesoro que llevaban en su interior, un alma en comunión con la otra, razón por la cual extendieron sus lazos alados del alma para poder así estar cerca el uno del otro y sentirse en las noches de soledad humana, reconfortándose al abrigo del suspiro eterno, al alba del sentimiento que les acompañaba desde hacía siglos.

Un rey para una reina.

Una reina para un rey.

Una radiante estrella fugaz se creó cuando ambos unieron sus miradas y entrelazaron sus destinos aquella tarde en la que la reina abrió la puerta al rey.

Ambos eran dos almas evolucionadas.

Dos seres que se habían estado iluminando a sí mismos.

Dos corazones con alas.

Dos seres reales, en toda la extensión de la palabra.

Dos almas enamoradas que se habían estado buscando a través de los pliegues de la vida humana hasta hallar sus rostros entre la multitud.

Dos espíritus que, entrelazadas las alas, no habían dejado nunca de buscarse.

Dos seres empeñados en encontrarse, en quitarse de encima el yugo del olvido consciente de la memoria humana.

Dos seres que prometieron buscarse en cada vida humana porque la añoranza de pertenecerse creaba insoportables noches oscuras del alma, y sólo podían calmarla al abrigo de los sueños eternos.

Sus alas se buscaban.

Sus almas se encontraron.

Sus ojos se miraron un amanecer.

Las aguas primordiales del sueño eterno discurrían por las calles interiores de su recuerdo.

Un latido común.

Risas que aleteaban sus noches de ausencia.

Unos ojos que se miraban en sueños.

Una voz que susurraba palabras angelicales.

El amor del alma.

El alma de la vida más allá de las palabras recobradas y los sentidos.

El amor hecho verbo en sus labios para poder ser pronunciado.

El amor del alma.

CALABAZAS Y COMETAS ESTELARES

Las más bellas historias de amor se escriben despacio, al abrigo de la certeza del corazón.

Ya te lo conté: tranquilidad, paciencia, perseverancia, fe...

Ir despacio es la clave.

La danza de amor se danza hasta el final, y merece la pena esperar.

Pídele que te muestre su alma.

Muéstrale tu, a su vez, la tuya.

Desnúdate de apariencias, emerge hasta la totalidad.

Sólo mostrando al mundo quién eres tendrás una vida feliz y serás bendecida con la abundancia del Universo.

Baila con él hasta el final de la eternidad.

Recuerda: muchos hacen cabello de ángel con las calabazas que les dan.

Por cierto, no sabemos qué hizo el caballero de armadura demasiado oxidada con las calabazas que la reina le dio en su día, pero lo que sí sabemos es lo que hizo la reina con las calabazas que le dio vía correo electrónico el caballero de armadura demasiado oxidada: hizo cabello de ángel y lo usó como relleno del pastel que se cocinó para sí misma con motivo de la celebración de una nueva vida, aquélla en la que le abrió la puerta al rey de sus sueños.

Si en una noche de luna llena, un fulgurante cometa cruza el cielo de tus sueños estelares, con toda seguridad se trata de la estela luminosa y mágica que deja el beso de amor creado por las almas del rey y de la reina al haberse unido en la eternidad del sentido y de la promesa.

Cada vez que veas un cometa, piensa que quizás se trata de dos almas que se han encontrado y unido. Pues todo cometa es la celebración de la unión de almas gemelas en la Tierra.

Que una corte de calabazas estelares corra tras los cometas en noches repletas de magia y de abrazos del alma.

Cuando te den calabazas, ¡haz cabello de ángel y échale el lazo a un cometa de amor estelar! O guárdalas y dáselas a todo caballero de armadura demasiado oxidada para espantarle y hacerle desistir: así no volverá a llamar a la puerta de tu castillo. Más vale hacer cabello de ángel mientras esperas al rey de tu corazón, que empeñar la corona para pagar los platos rotos de una relación oxidada.

Nunca es tarde para ser feliz y encontrar a tu alma gemela.

Cualquier día puedes abrirle la puerta a tu destino...

Cualquier día puede sacarte a bailar la magia.

El día más inesperado llega a tu puerta la calabaza-carroza real.

Cualquier día te encontrarás cara a cara con tu destino fugaz.

Cualquier tarde de primavera invernal puedes abrir los ojos y despertar a la realidad de tu corazón.

Cualquier noche puedes soñar tu verdad ancestral.

Pero siempre has de recordar que eres y serás la dueña de tu vida, la que escribe su destino, corrige las pruebas de imprenta de su propio guión vital y le pone el título que le da la real gana a cada secuencia de la gran película de su vida amorosa.

Tú decides: o reina con corona real o damisela de diadema floja.

No más caballeros de armadura demasiado oxidada.

Planta un huerto de calabazas reales y dale una a todo aquel que, pretendiendo ser rey, llame a tu puerta y pretenda instalarse en el castillo real de tu corazón.

¡Que se vaya a paseo y con calabazas frescas!

Tú lleva siempre tu corona bien puesta.

Por eso, cuando un caballero de armadura demasiado oxidada te dé calabazas, recuerda que siempre puedes hacer cabello de ángel, puré o tiro a la calabaza con ese «adiós que te empuja a tu destino». Cualquier cosa menos quedarte alelada y aguantándole sus batallitas de caballero de armadura oxidada. Si en verdad va en busca de su amada, si en verdad es un hombre de recto y honesto corazón, si en verdad es alguien que ha pasado su propia noche oscura del alma, si en verdad no teme al compromiso del corazón, si en verdad no teme amar, si en verdad desea para su alma a una reina... No dudes que eso se verá reflejado en todos y cada uno de sus comportamientos, palabras, hechos, ideas y sueños. Mucha gente dice que busca el amor, pero en realidad no es así, pues temen hallarlo. Creen que buscan, pero no es así. Lo que de verdad buscan es calmar su ansiedad de vacío interior, por ello se construyen un guión cinematográfico a la medida de sus necesidades, y lo adornan con el lazo de «hay que probar, y con el tiempo ya se irá viendo si somos el uno para el otro. Ya se verá». En verdad lo que se verá con el tiempo es que no están dispuestos a comprometerse y que se trataba tan sólo de una estrategia de seducción pueril e inmadura, que les ha funcionado con todas las damiselas de diadema floja a las que dejaron con la diadema incrustada en sus corazones, haciéndolas creer que eran ellas las que no valían suficiente. Por eso no lograron conquistar sus corazones o sus carteras o su posición social. Cuando dicha estratagema la prueban con una reina, ésta les mira de hito en hito, y les sonríe como toda respuesta. Se quedan perplejos... Sí.

«¿De verdad?», te preguntarás.

Afirmativo. No se les había ocurrido que hubiese alguien que no les entrase al trapo, que no se tragase el anzuelo, que no aplaudiese ante sus maravillosas ocurrencias de niño de tres años.

«¿De verdad son tan pueriles?», te preguntarás.

Lo son. Pero lo peor de todo es que lo son sin malicia, es decir, ni tan siquiera han percibido su inmadurez psicológico-emocional ni el hecho de que deberían hacer algo si de verdad quieren madurar y tener una relación amorosa auténtica.

Creo que estarás empezando a pensar en devolverle a aquel chico de tierna mirada y rígida armadura oxidada, todas las calabazas apestosas que te envió por Navidad. ¡Hazlo!, no esperes más.

Entretienen a las damiselas de diadema floja para llevárselas al huerto con el cuento de «estoy buscando a alguien especial, y querría conocerte mejor». Y es verdad, porque así se lo creen ellos. Para poder contar una mentira que suene a verdad, primero te la tienes que haber contado a ti mismo hasta haberte convencido del argumento en su totalidad. Desde la incorporación del guión es fácil soltarlo como si fuese auténticamente cierto y veraz.

¡Muchos cuentos de hadas malgastados y malinterpretados!

¡Olvídate del «fueron felices y comieron perdices»!

«Pero algunas se casan...», estarás pensando.

Oh, sí. Algunas se casan.

¿Por qué unas lo logran y otras no?

Se me ocurre que algunas se encuentran con algunos y se enamoran el uno del otro de verdad de la buena. Es decir, se trata de un amor genuino hasta la médula.

En otros casos, algunos se acaban casando con las que menos les dan la vara pero que mejor les sirven como objeto decorativo en sus vidas.

«¡Es muy fuerte!», estarás pensando.

«Bueno...», te respondo yo. Siento que te suene tan fuerte. Pero si quieres hacer la prueba, sígueme: diles que no a todo, que no necesitas su dinero ni su posición social ni coche ni título ni cargo ni nada de nada... Háblales del alma, de la búsqueda del ser interior, de la libertad de espíritu, de la responsabilidad vital... Y compórtate de acuerdo con ello, esto es, no te vayas al bosque ni al huerto ni a la playa sin protección emocional. No creas que si eres buena, paciente, amiga,

213

confidente, simpática, buena cocinera, le ríes las gracias y te finges un poco más lerda que él... ¡te desposará! En vez de estar centrada en mostrarle y demostrarle lo fantástica que eres... ¡examínale! Ponle zancadillas a ver si pasa o no pasa las pruebas. Tú no te metas en la cocina, no te quedes a dormir en su vida, no te vayas al huerto del engaño nocturno y prometido. Hazle creer que tienes más neuronas y dinero que él, y rétale a que te siga en tus emociones y sensibilidad. Usa tu intuición salvaje. Usa tus sentidos de mujer reina.

¡Uf! ¡Qué cansado!

¡Pues no! No tires la toalla, no te canses. Si de verdad quieres hallar a tu rey, tendrás que pasar por muchos huertos de calabazas.

¡Benditas calabazas reales!

Hay algo que debes recordar siempre: cuando nos hallamos frente a nuestro destino, alguna campana suena dentro de nosotros. Algo en la mirada enciende su fuego. Quizás nos es fácil reírnos juntos de las mismas cosas. Tal vez se trata de un sentimiento de cálida familiaridad: los de nuestra manada huelen a nosotros, el olor es familiar. Puede que se trate de un extraño pero insistente cosquilleo en el corazón, una cuerda que tira de nosotros... Una escala de valores muy similar. Unas creencias acerca de los temas fundamentales e importantes de la vida que son muy parecidas.

Recuerda: las almas gemelas suelen relatar sus historias vitales de forma muy parecida. Aunque hayan sido muy diversas y quizás en países y épocas distintas, el relato tiene un aire de familiaridad. Como, asimismo, lo tiene el relato de su historia vital, de su búsqueda del ser interior, de las ideas básicas de sus almas... No importa si sois de clases sociales diferentes, ni si tenéis carreras académicas opuestas, ni el que cada uno sea de un país distinto al del otro, ni la edad cronológica que tengáis, ni muchas de las vivencias genéricas que hayáis tenido... Eso no importa. Lo que de verdad sí tiene importancia es el hecho de que cada uno relata todo eso de forma muy parecida, compatible, sinérgica... Un relato que, cuando lo escuchas, te envuelve, te sumerge en la memoria colectiva haciéndote creer que «ya has escuchado antes esa historia». Si cuando conoces a alguien te sientes absolutamente libre para contarle la historia de tu vida, si fluyes con el ritmo de respiración de esa persona, si la risa acompaña vuestro pensamiento y el alma se columpia en las alas de vuestros respectivos ángeles... ¡Créelo! Tu inconsciente está tratando de decirte que es alguien de tu manada. Si, por el contrario, sientes que sus preguntas se asemejan más a un interrogatorio que a una conversación entre dos seres humanos, o si su relato vital hace que te entren ganas de cerrar el libro y donarlo a una institución benéfica... ¡Hazlo! Dale calabazas y no pierdas el tiempo. Un rey, el alma gemela, no es lo mismo que un marido. A las que buscan marido, déjalas a su bola, pues de ésas es el huerto de las calabazas gigantescas demoledoras de la autoestima y aplastadoras de las diademas flojas.

Si tú buscas a tu rey y tu rey te busca a ti, paciencia, ya os encontraréis. Pero no te empeñes en besar sapos... Muchas veces no es necesario besar a los sapos para comprobar si son príncipes, mendigos o reyes encantados. No. Un rey se ha desencantado a sí mismo. Palabra de reina. Porque una reina también se desencantó a sí misma. Y cuando uno lo ha hecho sabe que es tarea propia y no de extraños el tema del desencantamiento.

No bajes tu listón. Mantente firme en tu búsqueda. No te desanimes. Si bajas el listón sólo tendrás caballeros de armadura oxidada a la puerta de tu casa. Por ello, si te dan calabazas, haz sopa de ídem.

Y, mientras tanto, sigue llamando a tu rey con toda tu alma. Sigue confiando en que no todo nos acerca al sí, y que todo fracaso es un peldaño más en la escalera que nos conduce al éxito.

Cuando una reina y un rey se encuentran, es tan hermoso, que todos deberíamos persistir en la búsqueda de nuestro rey y de nuestra reina.

Halla en tu interior a la reina que eres y podrás un día encontrarte de corona con tu rey.

Haz que el rey que llevas en ti reine. Así tu reina podrá distinguirte entre la multitud de caballeros de armadura oxidada, y hasta ti se abrirá paso el código de apertura de la puerta grande de su castillo, que ella te enviará envuelto en su pañuelo de sueños.

Tu vida es tuya y sólo tuya.

Ama con toda tu corona a quien sea merecedor de ello, con toda su corona y autenticidad de alma.

¡Que las calabazas y los cometas estelares brillen en el firmamento por siempre jamás!

A MODO DE DESPEDIDA

POEMA REAL

Yo te soñaba entre las brumas de mis lejanas memorias.
Aparecías entre los atardeceres repletos de recuerdos.
Tus ojos eran la magia de mi angelical piel
enredada en el recuerdo de la calidez de tu latido.
Un sueño real, auténtico.
Aprendí la veracidad del sueño.
Aprehendí su sentido.
Mecida en tus suspiros se me abrió el alma,
y de ella brotó la inocencia que hasta ti me condujo sin remisión.
Poesía de sueños eran tus palabras susurradas
al abrigo de mis noches eternas en su lamento
por no hallar tu rostro.
Poesía de sueños reales en su imaginación alada.
Sentidos que iban y venían mecidos por el viento del olvido
en el recuerdo del crepuscular silencio de un alma
que te buscaba para amarte más allá de toda frontera,
más allá de todo concierto terreno.
Poesía de reales sueños.
Mis sueños secretos.
Mis secretos sentidos dormidos al alba de tu aliento.
Noches de luna sin estrellas y sin ángeles que cuidasen
de nuestro encuentro terreno.
Todo sueño.

Todo alma.
Nada de olvido.
Te soñé en mis sueños de reina añorando a su rey.
Te tejí versos enredados en compases melancólicos,
suaves, marinos y descuidados
que suspiraban alcanzar tu oído para dejarte sin habla
y darte la bendición de la inocencia.
Poesía de sueños tejí en la fibra enamorada de tus sueños.
Quería que no te olvidases de mí...
jamás,
no importando cuántas vidas
tardase mi esencia en llegar hasta ti
atravesando caminos de olvido,
sendas de silencios
y misterios indescifrables
para la noche de ausencia amada.
Yo en tus sueños.
Tú en mis metáforas.
Nosotros en la inocencia del sentimiento que latió
el corazón primigenio de un alma enamorada.
Poesía de sueños.
Alba de inocente sentimiento.
Regencia de destinos.
Poesía de sueños que se enredó en los brazos de nuestras almas.
Miles y miles de sueños reales.
Miles y miles de besos soñados.
Miles y miles de recuerdos escondidos entre los pliegues
de nuestras almas inocentes.
Miles y miles de sentimientos entretejidos
con fibras reales de besos soñados.
Poesía de sueños.
Alba de inocencia.
Atardecer mágico que precede al nacimiento del sueño estelar.

Nosotros en nuestros sueños.
Tu aliento divino en mis mañanas de estío.
Mi aletear hadado en tus atardeceres primaverales.
Nos hemos soñado para despertarnos en el recuerdo.
Nos hemos recordado para soñarnos en verdad.
Mi alma junto a tu sueño.
Mis alas que cobijan tus suspiros.
Tus brazos que protegen mi tesoro.
Nuestros mutuos rostros asomados al despertar del sueño.
Dos almas, un solo latido.
Poesía de sueños en el abrazo del destino.

TERCERA PARTE

COACHING REGIO

Cómo ser reina o cómo no morir en el intento
de ser una misma, conservar la dignidad
y obsequiarse con la posibilidad de tener una vida
amorosa feliz y saludable

«Las lágrimas son un río que nos lleva a alguna parte. Existen océanos de lágrimas que las mujeres jamás han llorado... El llanto de una mujer siempre se ha considerado muy peligroso porque abre las cerraduras y los pestillos de los secretos que lleva dentro. Pero en realidad, por el bien del alma salvaje de la mujer, es mejor llorar.

Las historias que las mujeres asocian con la vergüenza, son secretas y están relacionadas con sus propias historias personales, incrustadas no como piedras preciosas a su corona sino más bien como negra grava bajo la piel del alma.

Por regla general, los secretos giran en torno a los temas de las mismas tragedias: el amor prohibido; los celos y el rechazo; el amor no correspondido... Pues casi todos los temas entran en la categoría de lamentable error.

Pero hay algo positivo. Para transformar la tragedia en drama heroico hay que revelar el secreto, confesárselo a alguien, escribir otro final, examinar el papel que una interpretó y las cualidades que enseñaron a resistir.

El hecho de guardar secretos aísla a la mujer de aquellos que podrían ofrecerle su amor, su ayuda y su protección. Tal como dijo Jung, el guardar secretos nos separa del inconsciente. Donde quiera que haya un secreto vergonzoso siempre hay una zona muerta en la psique de la mujer, un lugar que es insensible o no reacciona a los incesantes acontecimientos de su propia vida emocional o a los acontecimientos de la vida emocional de los demás.

No hay manera de engañar a la Mujer Salvaje... La psique suele compensar los desequilibrios, el secreto acabará encontrando, a pesar de todo, el medio para salir, si no con palabras, en forma de repentinas melancolías, intermitentes y misteriosos arrebatos de furia, toda suerte de tics físicos, torsiones y dolores, de conversaciones insustanciales...

El secreto siempre encuentra una salida, si no con palabras directas, por medio de manifestaciones somáticas que a menudo no se pueden afrontar ni resolver con procedimientos tradicionales.

La mujer que oculta un secreto es una mujer exhausta.»

CLARISSA PINKOLA ESTÉS,
Mujeres que corren con los lobos (capítulo 13)*

* *Op. cit.*

ABAJO EL AMOR...
... DE MENTIRA.

ABAJO EL AMOR CODEPENDIENTE.

ABAJO EL AMOR MENTIROSO.

ABAJO EL AMOR EMBAUCADOR.

ABAJO EL AMOR DE NECESIDAD.

¡ARRIBA EL AMOR QUE RESPIRA EL ALIENTO DEL UNIVERSO!

1

COACHING REGIO: DE REINA A REINA

Ser reina, o permitirse serlo, no es tarea fácil si tenemos en cuenta todas las presiones sociales a las que se han visto sometidas las mujeres de todas las épocas y países. Desde pequeñas, o sería mejor decir desde que nacen, las mujeres son expuestas a mensajes cuyo contenido e intencionalidad dependerá del grado de madurez y libertad de alma que otra mujer, su madre, haya alcanzado. Asimismo, habrá otras mujeres a su alrededor que influirán en mayor o menor grado, y cuyo discurso estará igualmente sesgado o coloreado, dependiendo de su grado evolutivo. A todo esto debemos añadir las figuras masculinas del padre, abuelo y otros hombres representativos del núcleo familiar, cuya tarea de mentores será igual de importante para la mujer como la esponsorización de las mujeres de la familia, puesto que tan importante es que la mujer posea un arquetipo femenino saludable como un arquetipo masculino saneado y estructurado. Del equilibrio interdependiente y dinámico de ambos depende cómo esa mujer se proyecta en la sociedad, el grado de libertad que se concede para ser ella misma, cómo vive y expresa sus capacidades y dones, y su estilo de amar.

Obviamente, la realidad es muy diferente según quién la observa e interpreta. Depende de quiénes somos a nivel de alma y de cómo somos en nuestra personalidad. El cómo nos han inculcado a comprendernos, a vivirnos, a potenciarnos, a hablarnos a nosotros mismos, a respetarnos, a valorarnos y, sobre todo, a vivir nuestra vida en función de una referencia interna (opinión y criterio propios) en contraposición a una externa (opinión, información, criterio, valoración y creencias de los demás), tiene gran incidencia en cómo nos pensamos y vivimos como seres humanos. Ese vivirnos o pensarnos, se traduce en el tipo de conductas que permitimos de los demás hacia nosotros y viceversa. Muchas veces, haríamos bien en comprobar cada día el grado de salubridad de nuestra autoestima haciéndonos la siguiente pregunta: «Si yo creyese en mí, ¿cómo sería, qué haría y no haría, qué permitiría y no permitiría, etc.?».

Evidentemente, el grado de salubridad de nuestra autoestima es fácilmente observable a través del grado de similitud entre la respuesta a la pregunta y nuestra realidad: a mayor parecido, proximidad o similitud entre «respuesta y realidad», mejor será el estado de nuestra autoestima. Si, por el contrario, cualquier parecido entre ambas es pura coincidencia, haríamos bien en preguntarnos a qué estamos esperando para respetarnos, amarnos, tratarnos bien, cuidarnos, darnos buena vida, etcétera.

Puede que mañana sea demasiado tarde.

Mi abuela solía decir: «Lo que puedas hacer hoy, no lo guardes para mañana. Y se comió la tarta de cumpleaños...».

Llega un momento en la vida de todo ser humano en que debería pararse a reflexionar acerca de cómo vive su vida: si la vive en base a la REFERENCIA EXTERNA (lo que otros piensan, creen, deciden, etc.) o la vive en base a la REFERENCIA INTERNA (lo que yo pienso, creo, decido, etc.). Y dicho momento no debería traspasar la frontera, idealmente, de los treinta años.

- *Secreto de reina número uno:* SI ASÍ LO CREES, ASÍ SERÁ.

- *Secreto número dos:* PERMÍTETE SERLO.

- *Secreto número tres:* DISEÑA TU REINADO, LO QUE EQUIVALE A:

  a) Tus normas: ¿Por qué normas te riges, qué permites y no permites, y bajo qué concepto?
  b) Tus derechos: ¿Cuáles son tus derechos?
  c) Tu escala de valores: ¿Qué es importante para ti en la vida? ¿Cuál es tu código ético?
  d) Tus creencias: ¿Qué crees, qué piensas en áreas tan importantes como el amor, las relaciones, la familia, tus derechos, tus capacidades, la edad, la condición humana, el alma, el trabajo, los estudios...?
  e) Mandamientos regios: ¿Cuáles son tus mandamientos regios?

- Secreto número cuatro: MUÉSTRALO TODOS LOS DÍAS UN POCO. Repasa tus mandamientos regios, y cumple uno al menos cada día.

- Secreto número cinco: PERDONA A TUS ENEMIGOS. Sé compasiva con todos aquellos plebeyos de alma que no son dignos de tu luz. La gente lo hace como mejor sabe y puede. Pero recuerda: perdonar y aceptar no significa incluir en nuestra vida a todos los que no nos quieren amar o que no nos tratan con el debido respeto. Respétate y respeta, y no aceptes en tu castillo a nadie que te enrarezca el aire o no respete tu ser en toda su extensión.

- Secreto número seis: NO TE OBLIGUES A SOPORTAR NADA NI AGUANTAR A NADIE QUE NO LE PLAZCA A TU CORONA. La vida es demasiado corta para malgastarla con gente que no quiere amarnos, ni está por la labor de apreciar y honrar el ser tan maravilloso que somos. No te rebajes por nada ni por nadie. Un plebeyo de alma no llega a ser miembro de la realeza por más que tu le ames; cada uno elige su camino y su momento. Por consiguiente, sólo llegan a reina y a rey aquellos que se atreven a evolucionar su luz e irradiarla al mundo. Si alguien no te quiere querer, no importa, ya que hay mucha gente dispuesta a amarte si tú les das la oportunidad de cruzarse en tu camino. Nunca cierres la puerta a la posibilidad. Tampoco te dediques a maldecir a quien no te quiere querer, ni le eches la culpa a su inmadurez, ni pierdas el tiempo «psicoanalizando» los motivos por los cuales no te quiso o no te pudo querer. En su lugar, haz algo mucho más productivo y dedícate a perseguir tu sueño, a enamorarte de tu verdadero y real destino. El mundo entero te lo agradecerá.

- Secreto número siete: LA VIDA ES UN CONJUNTO DE EXPERIMENTOS. (Ensayo, error, ensayo, error, ensayo, ¡solución!) Por lo tanto, no conseguir lo que anhelamos es, muchas veces, una forma de ser impulsados hacia nuestro destino. Por eso, recuerda: «No existen los fracasos, sino los resultados. Y todo resultado es simplemente información». Experimenta, prueba, rectifica, ensaya, vive, intuye y confía en tus instintos salvajes. No dejes nunca de experimentar, recuerda que la vida es una aventura maravillosa y que uno nunca sabe lo que hay a la vuelta de la esquina... Una reina nunca se detiene ante nada, pues aúna valentía, coraje, corazón y sentido del humor, lo que equivale a ser guerrera, amante y maga, los tres estadios integrantes de una Reina.

- Secreto número ocho: HONRA TU LUZ. Tú has de ser siempre la primera y la última persona que honre, dé gracias y aprecie su propia luz. Mímate como a una reina. No te maltrates ni de palabra ni de hecho, has de ser siempre tu mejor fan, tu mejor amiga, tu mejor mentor, tu mejor espónsor... Cree en ti y el mundo creerá en ti. Recuerda que la vida nos trata según nos tratamos a nosotros mismos.

- Secreto número nueve: NUNCA TE CREAS SUPERIOR A NADIE, NI TAMPOCO INFERIOR. Dale a cada persona su sitio, enséñale con el ejemplo que también ella puede ser reina y él puede ser rey. Pero nunca hipoteques tu corona por enseñar a nadie su derecho a la regencia de su propia vida. Si alguien quiere aprender a ser reina o rey, aconséjale que contrate a un *coach* o terapeuta para que le enseñe. Nunca te involucres en menesteres que no son propios de la corona que llevas. Si te metes donde no te llaman, puedes perder la corona.

- Secreto número diez: no mientas ni engañes, DI SIEMPRE TU VERDAD. Las reinas no seducen ni se prestan a juegos de sociedad como «ningunear» a otros o hacerse las interesantes. (Léase lanzar mensajes equívocos a los caballeros para que así tengan más interés en ellas...) Las reinas exponen sus normas, porque saben muy bien lo que quieren en la vida. Por ello son proactivas y lideran su destino. Seducir

con engaños, mentiras y máscaras equivale a emponzo-
ñarse el alma. Obligarse a mentir o a disimular quién es
uno en pro de conquistar a otro es envenenarse el alma y
prostituir el corazón. Las reinas no tienen miedo a estar
solas, lo perdieron hace tiempo: por eso llegaron a reinas.
Estar sin pareja no significa haber fracasado en lo emocional. Estar sola y sin pareja significa estar abierta a las
sorpresas del destino y con la corona en su sitio. Recuerda
que aceptar a alguien en nuestra vida emotiva sólo por el
hecho de tener pareja y demostrar al mundo que NO estamos solas, es propio de damiselas de diadema floja y no
de reinas. Una reina no necesita demostrar nada a nadie,
ni tan siquiera a sí misma. Simplemente, porque ha dise-
ñado sus propias normas y vive acorde a ellas.

- Secreto número once: LIDERA TU DESTINO. Cada día, al le-
vantarte, recuérdate que ese nuevo día te está esperando,
y que la vida te merece, lo mismo que tú te mereces la vida
y la corona que llevas. Abre las alas y ofrécete el regalo de
ser feliz y de recibir las sorpresas que el destino tiene para
ti. Cada nuevo día es un presente, nunca se sabe qué nueva magia traerá el viento. Hoy es un maravilloso día para
vivir y honrar.

LA GUERRERA, LA AMANTE Y LA MAGA: LOS TRES ARQUETIPOS INTE-
GRANTES DEL CÓCTEL LLAMADO «REINA»

La guerrera

Luchar por lo que amamos, por aquello en lo que creemos.
¿Cuál es tu estilo de lucha? ¿Cómo consigues lo que quieres?
¿Cuál es tu estrategia? Si fueses un guerrero o una guerre-

ra (de todos los que han existido en la realidad o la ficción), ¿quién serías? ¿Por qué?

La amante

Amar, comprometernos con aquello en lo que creemos y amamos. ¿Cómo amas? ¿Cómo te gusta que te amen? Cuando dices «amor», ¿qué quieres decir? Si fueses un amante (de todos los que han existido en la realidad o la ficción), ¿quién serías? ¿Por qué?

La maga

Usar el sentido del humor, crear magia y alegría en nuestra vida, dotar nuestro mundo de sentido, abrir las alas y superar los obstáculos con imaginación, creatividad y benevolencia para con nosotros mismos y el mundo. Creer en nuestros dones, capacidades y habilidades... Dicen que los ángeles vuelan porque son capaces de tomarse a sí mismos a la ligera, y es cierto que el sentido del humor aligera nuestro peso y densidad físicas. Asimismo, redunda en espontaneidad y autenticidad. Si fueses un mago o maga (de todos los que han existido en la realidad o la ficción), ¿quién serías? ¿Por qué?

RECUERDA:

Una persona que ama pero carece de coraje, es una codependiente.

Una persona que lucha pero carece de compasión, es una justiciera, sin más.

Una persona que tiene sentido del humor pero carece de compasión, es una cínica.

Una persona que ama pero carece de sentido del humor, es presa fácil de la desesperación y no sabe cómo hacer reencuadres.

Nombramiento y continuidad

1. Ser reina no es algo estático, sino dinámico y diario. Recuerda que es como estar en forma: todos los días hay que hacer ejercicio. Por consiguiente, haz de ser reina un hábito diario.

2. Amar y ser amada es maravilloso, pero no confundas fantasía con realidad. Estar en una mala relación es como estar en el infierno, y más vale estar sola que mal acompañada. Si sigues pensando (o vuelves a pensar algún día) que una mujer ha fracasado en lo emocional porque no tiene pareja, ¡a buen seguro que se te ha caído la corona y te has puesto la diadema floja!

3. Te mereces un rey, con toda seguridad. Ahora bien, para tener a un rey, primero debes ser reina: grábate esta máxima en la corona. Ningún rey quiere por compañera a una damisela de diadema floja. Un rey aspira a una reina, de no ser así no sería rey. O sea, que si no sabe apreciar a una reina como tú, no es un rey de verdad o no es tu estilo de rey. Pregunta clave para ti: ¿Cómo contribuyes a la búsqueda y hallazgo de tu rey?

4. Caballeros de armadura demasiado oxidada... ¡Hay muchos! No te dediques a rescatarlos, mándalos a paseo, con viento fresco, al *coach*, al terapeuta, a otra galaxia... Pero nunca le des alojamiento temporal, y mucho menos permanente, en tu castillo.

5. Si te despiertas un día y descubres que se te ha removido la corona, ¡que no cunda el pánico! Busca ayuda, si lo consideras conveniente, o date un respiro. A veces, viene muy bien retirarse del mundo e irse unos días a la «torre del homenaje» para meditar y recuperar fuerzas.

6. No existe edad cronológica para nada. Lo que equivale a decir que «mientras hay vida hay esperanza». Uno tiene tanto el derecho como la posibilidad de enamorarse, emprender una nueva vida, comenzar un nuevo negocio o carrera universitaria, aprender algo nuevo a cualquier edad cronológica. Los límites los pone uno mismo. Por consiguiente, no te pongas ninguno que te impida vivir.

7. Delimitando sanamente: que los únicos límites que te pongas sean protectores, es decir, que te sirvan para parar los pies a los demás al no permitirles conductas irrespetuosas contigo. Asimismo, tampoco te faltes al respeto traspasando los límites de los demás (metiendo las reales narices donde nadie te llama), o traspasando los propios. (Comiendo en exceso, no preguntándote cómo te encuentras, no diciéndote la verdad, no expresando lo que sientes, no enfrentándote con el dolor y cuidando de tu mareado corazón...)

8. Ponte límites a ti misma. ¿Qué conductas no estás dispuesta a permitirte? Me estoy refiriendo a ese tipo de

conductas que en el pasado «te han metido en líos» y a las cuales deberías poner coto de una vez.

9. De vez en cuando haz limpieza de armarios literal y metafóricamente hablando, lo que equivale a «desechar de nuestra vida» todo aquello que ya no nos sirve (ideas, creencias, ropa, gente, amistades, novios, lugares, libros, conductas, actitudes, hábitos, kilos físicos, manías, historias, muebles, etc.), que lo único que hace es «ocupar un sitio» que bien podría estar libre para algo mejor que el Universo está enviando a nuestra vida.

10. Piropos todos los días al despertar y al ir a dormir. Cortéjate. Sí, haz como si fueses ese rey de tus sueños que desea amarte y compartir su real vida contigo. Si tú fueses ese rey, ¿qué harías, qué te dirías, qué te darías...? La relación contigo misma es la única que durará eternamente. Además, lo primero que un rey ve en una reina son sus comportamientos. Por consiguiente, si quieres que un rey se fije en ti, sé la reina que eres, siempre, de la noche a la mañana, de la mañana a la noche, hasta cuando duermes.

11. Una reina es una reina, con o sin rey, y tiene su propio reino y castillo. No te hagas sentir mal a ti misma por no tener un rey. Vive tu destino, sé feliz. Recuerda que nuestro tiempo en la Tierra es limitado y pasa muy rápido.

12. Jamás te compares con nadie. Una reina es reina, entre otras cosas, porque no necesita compararse con nadie. La libertad, la dignidad y la autenticidad son patrimonio de una reina. Por consiguiente, no da lugar a la comparación, ni falta que te hace.

Muchas mujeres se lamentan, se quejan y maldicen a todos los hombres que no las quisieron amar. No entienden por qué sucedió esto, por qué no fueron capaces de amarlas. Cuando estamos tan centrados en la queja no podemos entender ni discernir. Para poder pensar, primero hay que dejar de lamentarse, y desde ahí alejarse de la carga emocional que toda frustración lleva asociada. Perspectiva es igual a capacidad de análisis. Por eso va tan bien tener un *coach* para reajustarse la corona, pues tiene perspectiva y unos ojos para ver lo que nosotros no podemos ver por estar en el ojo del huracán.

Mi experiencia profesional y como ser humano tiene alguna que otra respuesta, lo cual no significa que yo tenga la única respuesta. Simplemente, tengo algunas de las respuestas posibles, pues toda afirmación es válida para algún ser humano e inapropiada o falsa para otro. En mis reflexiones he concluido que, por la razón que sea, tenemos una fijación desmedida que hace que nos empecinemos y pretendamos que nos ame toda persona que se cruce en nuestro destino.

¡Imposible!

Suelo decir que ni a Dios le aman todos.

Entonces, ¿cómo podría sucedernos semejante milagro a los demás?

Imposible.

He leído las tesis de otros profesionales (algunas de las cuales comparto), en las que argumentan que muchas mujeres emplean su tiempo y su esfuerzo en tratar de hacer ver al hombre lo fantásticas que son, en vez de aplicarse en averiguar si él es alguien que les conviene, y hasta qué punto es apropiado para ellas como compañero de vida. Si alguien te dice, por ejemplo: «Es maravilloso comprobar cómo me entiendes, cómo me comprendes». Agradece el cumplido pero, sobre todo y ante todo, hazte la siguiente pregunta: «¿Y él? ¿Me comprende, me entiende, me capta igual de bien?».

¡Ajá! La gran pregunta del millón.

Mujeres aspirantes a reinas: dejad de emplearos a fondo en demostrar lo fantásticas y maravillosas que sois, y pasad a emplear el tiempo en averiguar si él es alguien a quién querríais llevaros al castillo de vuestra alma.

Pero, para tomar esta decisión, primero hay que conocerlo a fondo.

¡Oh!

Ya ves.

Te propongo las siguientes reflexiones:

1. Si yo fuese hombre:
   a) ¿Qué tipo de mujeres me atraerían?
   b) ¿Cómo sería mi comportamiento hacia ellas?
   c) ¿Qué escala de valores tendría?
   d) ¿Qué creencias básicas tendría sobre las mujeres?
   e) ¿Cómo sería mi alma?
   f) ¿Qué directrices tendría en esta vida?
   g) ¿Qué me motivaría?
   h) ¿Qué sentiría?
   i) ¿Cómo me gustaría que me amasen?
   j) ¿Qué le pediría a una mujer?
   k) ¿Cómo podría saber si es damisela o reina?

2. Yo soy la mujer que soy, luego:
   a) ¿Qué valoro de mí por encima de todo?
   b) ¿Qué conductas irrespetuosas he permitido a mis amiga/os, y tal vez sigo permitiendo?
   c) ¿Qué he hecho cada vez que un hombre me ha dejado?

d) ¿Por qué he dejado yo a un hombre?
e) ¿Qué conductas repito una y otra vez en las relaciones con hombres?
f) ¿Cómo manejo mi vida?
g) ¿Qué pienso de la vida en general?
h) ¿Qué ideas básicas tengo acerca del papel de la mujer en el mundo laboral, las relaciones, la inteligencia, la edad, etcétera?
i) ¿Cuál es mi estilo de vida?
j) ¿Qué pienso de mi propia madre?
k) ¿Qué creencias o esponsorización positiva me ha dado mi madre?
l) ¿Qué me ha enseñado mi padre, y en qué área?
m) ¿Cómo era el padre de mi madre?
n) ¿Cómo era la madre de mi padre?
o) ¿Qué cosas he oído acerca de las mujeres de mi familia?
p) ¿Qué ideas me han inculcado acerca de las relaciones?
q) Mi diseño del hombre ideal a nivel de conductas, capacidades, talentos, ocupación, origen familiar, relaciones con su familia, estilo de vida, identidad, creencia, escala de valores, alma...
r) ¿Qué muestro a la gente de mi/mis rasgos más significativos?
s) ¿Cómo son mis amigas del alma?

3. Imagina que has conocido a un hombre que te interesa: ha llamado suficientemente tu atención como para que le dediques un poco de tiempo y esfuerzo, ya que te gustaría ver qué posibilidades tiene.
   a) ¿Qué preguntas le harías a él?
   b) ¿Qué cosas —palabras, hechos...— te darían a entender que trata de seducirte sin querer conquistar tu corazón?

c) ¿Qué detalles te contarían gran información sobre su interior?

d) ¿Qué tendría él que contarte de otras mujeres?

e) ¿Cómo tendría que hablarte de las demás mujeres de su vida para que tú concluyeses que él es posiblemente el hombre que andas buscando?

f) Compromiso: ¿Qué es para él?

g) ¿De verdad busca a una mujer fuerte, independiente, madura a nivel emocional? ¿Cómo sabe lo que sabe?

h) Despójale de su coche o moto o jet privado, cargo, nivel sociocultural, activos financieros, barrio donde vive, *glamour* roperil... Lo que queda, ¿te sigue seduciendo? ¿Su alma y su corazón te siguen pareciendo lo suficientemente bellos como para abrirle la puerta de tu castillo y lanzarte a sus brazos?

i) Si no te invitase a cenar, si no te llevase a los sitios a los que te lleva, si no hubiese rosas ni cava ni limusinas ni anzuelos románticos, ¿qué? ¿Te quedarías con él en una isla desierta?

j) ¿Sabes si sabe quién eres más allá de tu identidad social? ¿Ve tu alma? Y, ¿cómo sabes lo que sabes?

k) ¿Cómo fue vuestra primera cita? ¿Qué pensaste de él nada más le viste? ¿Alguno de los dos llegó tarde, se extravió, etcétera?

l) ¿Cómo te trata?

m) ¿Crees que hace algo para conocerte? ¿Qué?

n) ¿Cómo sabes que eso que hace lo hace sólo y especialmente por ti?

o) Si tuvieses una hija adolescente, ¿la dejarías ir con él de viaje por el mundo?

p) ¿Mantienes las distancias? ¿Te mantienes lo suficientemente disociada como para no pintarle de color rosa? ¿Cómo sabes que eso es así?

q) ¿Qué gustos, cosas, ideas tenéis en común?

r) ¿Hacia dónde va él?

s) ¿Hay otras mujeres en su vida? ¿Cómo son? ¿Qué tipo de relación tiene con ellas?

t) ¿Tiene el pie puesto en el freno o sólo lo parece? ¿Se trata de una táctica de conquista?

u) Si no te hubieses hecho la fantasía de que él es «quien andas buscando», ¿qué? ¿Te seguiría gustando? ¿Qué harías de diferente manera?

v) ¿Te gusta su voz, la luz de sus ojos, su presencia, su alma?

w) ¿Es él un ser espiritual viviendo una vida humana o un simple mortal esclavo de la sociedad capitalista y de la moda?

x) ¿De verdad quieres que te ame un hombre como él? ¿De verdad de la buena?

y) Si te proyectas hacia el futuro, ¿te ves con él? ¿Cuántos años? ¿Por qué te ves con él? Da al menos 5 razones.

Consejo real de reina

Jamás permitas a otra mujer que te diga que tienes que esconder, fingir o disimular quién eres. Sólo una damisela de diadema floja osará ser tan mema y lerda como para pensar y decir semejante tontería. Una mujer de verdad y digna de sí misma, una reina, en definitiva, jamás diría a otra mujer nada por el estilo. Al contrario, la conminará a ser ella misma, a expresar su verdad y autenticidad. Tampoco le hablará mal de los hombres, ni dirá cosas como «todos son iguales, no hay ninguno que merezca la pena». Hay mujeres que merecen la pena y también hay hombres que merecen la pena. Grábate esta verdad en la corona. Sal a su encuentro, si quieres y cuando tú lo desees. Recuerda que sólo tú eres la dueña de tu real destino.

La vida te espera.

El mundo se merece personas como tú.

La sociedad está falta de reinas como tú.

Si prefieres, o si te da la real gana, seguir sola, libre y sin compromiso, ¡fantástico! Recuerda siempre que tienes derecho a vivir tu vida como mejor te plazca, y que nadie tiene derecho a meter las narices en tu vida y decirte cómo debes vivirla. Una reina rige su destino, es responsable del mismo, y lo diseña a voluntad de su alma y misión vital.

El nivel de conciencia o evolución del alma es el timón que rige y dirige nuestra vida, da color a nuestros actos inconscientes y proporciona guía a nuestros instintos. Tus creencias y tus acciones en general te pueden proporcionar una idea bastante precisa acerca de tu nivel de conciencia o de evolución. Cuando dos personas de un mismo nivel de conciencia se encuentran, sobran las palabras: ambos pueden reconocerse y entenderse, sin importar si son o no del mismo país, raza o clase social. Es como encontrar a un hermano de raza, aunque en este caso se trata de un hermano del alma y, francamente, se nota la diferencia. Personalmente, conozco gente de diferentes puntos del globo terráqueo, personas cuya cultura, costumbres, origen social y estilo de vida difiere mucho del mío. No obstante, el hecho de «habitar» el mismo nivel de conciencia desplegó un puente mágico al instante de conocernos y «resonamos» al mirarnos. Era una resonancia de familiaridad, un sentir que pertenecíamos a la misma especie. Sí, miembros de una misma especie. En cuanto a mi vida laboral, me sucede tres cuartos de lo mismo: a mi consulta llegan siempre personas preparadas para cruzar el umbral de la autenticidad, y no importa su origen social, educación, nivel intelectual, profesión o país de origen... Todos poseen el mismo rango de conciencia: todos están listos para darme la mano y que les ayude a cruzar el puente que lleva a la autenticidad, a descubrir quiénes son debajo de su capa de olvido, y aprender a mostrárselo al mundo. Confieso que soy «una abrepuertas». Este epíteto me lo puso un amigo mío norteamericano hace ya muchos años, y me va al dedillo.

Para conocer más sobre mis teorías en el campo de los niveles de conciencia del ser, puedes consultar mi libro *Donde nadan las sirenas.**

* Mandala, Madrid 1999.

2

COACHING REGIO PARA HOMBRES QUE QUIEREN DESCUBRIR AL REY
QUE LLEVAN DENTRO

«... el amor o, mejor dicho, la capacidad de amar, a pesar de ser una palabra tan repetida y hasta tan manida, aún no sabemos bien qué es. Nos da miedo la vida misma y eso, aunque parezca contradictorio, nos da seguridad. El mayor susto es que nos quiten los miedos, puesto que éstos han sido el manto en el que nos envolvemos para no ver ni ser vistos, para no amar ni ser amados...

Aunque mucha gente va diciendo que está buscando la felicidad, lo cierto es que no quieren ser felices. Muchos prefieren estar en el nido antes que volar. Al fin y al cabo, el miedo es algo conocido y la felicidad no. Lo malo es que muchos equiparan la felicidad con conseguir el objeto de su deseo, y no se dan cuenta o no quieren saber que la felicidad está precisamente en la ausencia de los deseos y los apegos, y en que ninguna persona ni cosa tenga poder sobre ti.

La Reina de las Hadas sabe que difícilmente se puede dar amor si antes uno no está lleno de amor, y difícilmente se puede estar lleno si uno está repleto de prejuicios y de miedos. Lo contrario al miedo es el amor y donde existe amor no hay miedo ni odio alguno. No tenemos que esperar un futuro incierto privándonos ahora de los placeres de la vida.

La Reina de las Hadas sabe que la vida eterna está aquí, es ahora. No hay que perderse la maravilla de la vida esperando algo que llegará Dios sabe cuándo. El tiempo no existe y el amor trasciende el tiempo. Si no somos capaces de saborear cada instante de la vida es que nos estamos perdiendo algo sustancial de ella.»

JESÚS CALLEJA,
del prólogo a *La reina de las hadas**

Estoy segura de que no os imaginábais que para ellos habría también un espacio *coaching*.

¿Acaso creíais, después de haber leído el libro, que las reinas no apoyamos a los hombres-reyes a descubrir que lo son?

Craso error de planteamiento.

Una reina sabe cuándo un caballero está a punto de ingresar en la orden real de los reyes. A vosotros, los hombres, os han dado mucha caña, y no os han permitido la pataleta, ni la lágrima, ni la rabia, ni el despropósito, ni la posibilidad de sentiros desahuciados cuando una dama os ha dejado o no os ha querido amar...

Ya se sabe lo que opinan muchas féminas: vosotros no tenéis la sensibilidad de una mujer.

¡Pamplinas!

¡Mentiras podridas!

¡Creencias caducas del medioevo emocional!

Los hombres sufrís como cualquier mujer. Os amáis y deseáis ser amados. Anheláis que os traten bien, os quieran, os animen, os ayuden a resolver dudas vitales y os den cobijo en las oscuras y procelosas noches de ausente coraje

* Dilema, Madrid 2002.

existencial. Echáis de menos unos brazos amorosos que os abracen en el atardecer del sentido y que os digan que todo está bien, que podéis relajaros y dejar de ser «el chico duro que todo lo puede y todo lo soluciona». Os sentís perdidos como ellas. Os sentís desamparados en períodos de crisis existenciales como cualquier ser humano. Desearíais poder delegar, compartir el poder, y no tener que ser siempre el que adivine los deseos y necesidades del otro. A vosotros también os gusta que se os haga felices, se os trate bien y se os entienda. Es más, también tenéis derecho a pensar y a decir que hay mucha lagartona por ahí que sólo quiere vuestro apellido, vuestra colaboración para tener hijos, vuestra posición social y vuestro cerebro fácilmente despistable con tretas *femeninas*. (Chicas reinas: perdonad la ironía, pero es cierto que no toda mujer es buena, porque malas malas haberlas haylas... Como las hay que van a la caza y captura de un hombre para tener quien les compre vestuario, dignidad, posición y billetes a Hawai...) Pero no todas las mujeres son unas lagartas.

NO.

No todas van en busca de vuestra cartera.

NO.

No todas quieren ataros al yugo del compromiso y haceros padres.

NO.

No todas quieren que seáis el cubo de la basura de sus frustraciones.

No todas son malas.

Algunas, muchas, son mujeres de bella alma que saben amar.

Existen las mujeres de sincero sentido y comprometido corazón ausente de quistes.

Son mujeres que quieren reinar con vosotros.

Son mujeres que quieren haceros sentir el rey más rey del mundo mundial, y compartir sueños y destino con vosotros.

Algunas son reinas desde hace mucho tiempo, y están esperando que dejéis de una vez por todas de tontear con las damiselas de diadema floja y os arméis de valor para descubrir, aceptar y mostrar el rey tan maravilloso que lleváis dentro.

Algunas siguen solteras o postdivorciadas sin volver a casarse porque se juraron no pasar nunca más hambre emocional de sí mismas, y están dispuestas a esperar todo lo que haga falta a su rey. Asimismo, están dispuestas a colaborar en la construcción de una relación sólida, estable, honesta, congruente y auténtica basada en el amor y no en las expectativas, frustraciones, ausencias o anhelos desesperados.

Hay quien dice que la mujer es un ser perfecto, dispuesto a amar a un hombre, y que todo hombre debería permitirse el regalo de ser amado por una mujer auténtica.

Promesas.

Cambiar el rumbo de las relaciones amorosas es cosa de los dos bandos. Si vosotros seguís pensando que ellas sólo os quieren cazar, y que todas son unas lagartonas... ¡No iremos a ninguna parte!

No le pidáis a una mujer, que es reina, que finja no serlo o que baje el listón.

Madurad y grabad esta premisa en vuestra espada: una reina nunca baja el listón.

¿Por qué?

Porque si lo bajase no sería reina sino damisela de floja diadema.

¡Oh!

¡Ya véis!

Asumid vuestra parte de la tarea, elevaos a su nivel. Usad ese coraje, ese valor, esa determinación y análisis que tanto usáis en el mundo de los negocios y trasladadlo al mundo de las emociones.

Pero aún os quiero contar más.

¿A qué creéis que se debe todo este despropósito actual, esta pérdida de rumbo en las relaciones romántico-amorosas y sentimentales?

Hombres y mujeres están más que perdidos en un proceloso mar de dudas, despistes, extravíos, malos entendidos, mensajes equívocos, señales falsas, fuegos artificiales y un montón de sueños rotos en corazones vacíos de sí mismos.

¿A qué se debe tanta soledad existencial?

Ambos bandos estamos hambrientos de cariño, pero de cariño del bueno, de ése que nos cobija el alma y da sentido a nuestros días. Ese tipo de amor es al que aspiran incluso hasta los tipos duros del mundo mundial.

En cierta ocasión leí la explicación que daba Shere Hite a la supuesta fobia al compromiso por parte de los hombres. Shere opina que el hombre, en su etapa de adolescente, se ve condicionado a separarse de su madre («pues no es de hombres estar pegado a las faldas de mamá», creencia masculina). Las presiones sociales de su entorno le obligan a alejarse de su madre, incluso a pelearse con ella y a odiarla, como parte ineludible del proceso de «hacerse hombre». Por consiguiente, cuando el adolescente se convierte en hombre no quiere volver a pasar por esa experiencia traumática y harto dolorosa: la de amar a una mujer y tener que alejarse de ella a la fuerza. Porque, recordemos, incluso ha tenido que alejarse odiándola. Nunca más. Ahí podría estar el germen de su comportamiento «fóbico» ante las relaciones amorosas en su edad adulta. Ésa podría ser la razón por la cual no quiera comprometerse con una mujer. El recuerdo, grabado en su inconsciente, de una experiencia traumática le persigue, impidiéndole unirse a otra mujer. En su psique, «unión» es igual a «dolor, separación, conflicto». Se le creó un anclaje negativo, y ya sabemos que todo lo que está grabado o archivado como traumático en el inconsciente tiende a ser evitado como la peste. Por consiguiente, según la teoría de Shere Hite (la cual comparto), los hombres van de relación amorosa en relación amorosa como un picaflor aventurero evitando a toda costa el compromiso o vinculación íntima que todo corazón enamorado pide a gritos.

Por cierto, algún hombre me ha dicho que no está de acuerdo con la teoría de la señora Hite. Está en su derecho, faltaría más. A cambio me ofreció la teoría del equilibrio de los arquetipos masculino y femenino que se atraen en función de su opuesto. Según cómo sea el arquetipo masculino de una mujer así será el tipo de hombres que atraerá en su vida amorosa. Lo mismo pero al revés rige para un hombre: según sea y se lleve con su arquetipo femenino, así será el tipo de mujeres de las que se enamorará.

Volvamos a los de comportamiento «picaflor».

Digámoslo claro, la intención positiva del ir de relación en relación es evitar «encontrarse con el dragón interior»: ése del miedo a amar, ser amado y tener que alejarse de quien nos ama de verdad e incondicionalmente. Si uno no profundiza en las relaciones, si no se queda demasiado rato, no hay peligro de enamorarse, a uno no le pueden pillar. Por eso muchos hombres (también mujeres) mantienen varias relaciones al mismo tiempo, todas igual de superficiales, insulsas y poco comprometidas.

A todo esto deberíamos añadir que en todos nosotros existe un miedo generalizado a la muerte, a la profundidad, a visitar las simas profundas y oscuras de la psique y del alma humanas. Ahondar, meditar, analizar, enfrentarnos a nuestros miedos, carencias, anhelos, deseos, sueños, traumas, es tarea de héroes, pero no de humanos normales. ¿Cierto?

Más o menos.

Asimismo, la publicidad nos impulsa a vivir la vida de una forma superficial y veloz, buscando y pidiendo la satisfacción rápida y fácil de nuestras necesidades. Por consiguiente, seguimos un modelo social estipulado, aprobado y consensuado que nos lleva a ser unos seres superficiales con necesidades superficiales y estilos, para satisfacer esas necesidades, también superficiales.

¡Uf! ¡Cuánto ir de puntillas!

Con tanta superficialidad es entendible que nos manejemos de la manera que lo hacemos en las relaciones entre hombres y mujeres.

Triste.

Así es.

Y, por si fuera poco, la sociedad usa su arma más sutil, la publicidad...

¡Por supuesto!

Nos han *enseñado* que la felicidad está fuera de nosotros, y se basa en conseguir cosas materiales. El antaño dicho «tanto tienes, tanto vales» se ha transformado en «tanto posees, tanta felicidad tienes».

¡Uf!

Pero... Déjame que te cuente aún más. Como la felicidad se basa en conseguir logros materiales, nuestra identidad también acaba por estructurarse en base a ello. Y si combina- mos los dos binomios elementales —posesión/felicidad y posesión/identidad—, podremos entender por qué nos fijamos sólo en el valor externo de las personas, esto es, en la posibilidad de satisfacer nuestras necesidades o huecos emocionales. Por consiguiente, «si puedo conquistar rápido me sentiré bien. Si, además, esta persona posee un nivel sociocultural alto y tiene un gran activo material, mucho mejor para mí».

Así piensan actualmente muchas personas, aunque no sean conscientes de ello.

Hay un tercer elemento en juego. Se trata de la sustitución rápida de los elementos generadores de satisfacción: cuanta más variedad, mejor.

Y cuanto más rápida sea la rotación, mucho mejor.

Nos hemos acostumbrado a cambiar de coche muy a menudo buscando más la satisfacción de un deseo artificial (búsqueda del sentido del yo, estructuración de la identidad en las cosas materiales y en su sustitución). Es fácilmente entendible cómo hemos trasladado al plano de las relaciones afectivas la rapidez con la que nos sentimos frustrados y aburridos (del coche, la lavadora, el móvil, el ordenador, etcétera), y necesitamos nuevos estímulos, razón por la cual pasamos *rápidamente* a buscar otro con el que sentir de nuevo toda la gama de sensaciones que «un coche nuevo produce». Esto conlleva, a su vez, no profundizar en la relación, no aferrarnos a ella, no acostumbrarnos a ella, no hacernos dependientes de ella...

Nos horroriza la dependencia, la continuidad, la prolongación, la posibilidad de que el otro descubra que no somos tan maravillosos como parecíamos ser... ¿Y si se pone de manifiesto que no tenemos nada que ofrecer excepto el desconocimiento de nuestro interior, el vacío de un yo? Un interior que evitamos visitar a toda costa, razón por la cual preferimos distraernos ocupándonos en consumir ratos de ocio aburrido, relaciones a las que el cariño no visitó jamás, elementos materiales de falsa emoción.

Profundizar, invertir esfuerzo y tiempo. Esforzarnos en la construcción de una relación sólida...

¿Quién tiene tiempo?

¿Quién está dispuesto a hacer el esfuerzo?

¿Cocinas o calientas en el microondas la comida precocinada?

¿Vas al ritmo de tu corazón o pierdes el culo en la carrera contra el reloj biológico de la Tierra?

¿Te tomas tu tiempo para desperezarte por las mañanas y saludar al nuevo día que se abre ante ti lleno de sorpresas, o prefieres tomarte una taza de estrés en vez de un *cappuccino* maravilloso para empezar el día?

¿Vas en el coche canturreando camino del trabajo, o eres de los que se prepara para la jornada laboral repartiendo improperios a diestro y siniestro, y haciendo gárgaras con maldiciones de perro cabreado?

Tú escoges: o libre o mendigo de los dictados de la sociedad esclavista.

«¡Te has pasado tres pueblos!», me juego la corona a que estás pensando. ¿O no?

Pues no me he pasado tres pueblos, no. Simplemente es una de las múltiples realidades posibles, pero demasiado habitual, desafortunadamente.

La película *American Beauty* refleja con precisa crudeza la realidad en la que estamos inmersos hoy en día, una realidad que todos contribuimos a mantener en un sentido o en otro.

Mujeres y hombres son esclavos de una sociedad que les ha vendido la idea de la satisfacción rápida y fácil de sus necesidades, de la sustitución rápida y fácil de sus problemas e inconvenientes... Un mundo donde la rapidez prima sobre la calidad, donde todo es *para antes de hace un año*. Las relaciones lo son también, pues siguen el mismo modelo de rapidez.

¡Parémonos!

Veamos qué nos trae el viento hoy.

¿Os acordáis de la película *Náufrago*, protagonizada por Tom Hanks? Tanto correr para acabar teniendo que acostumbrarse a acatar la voluntad de la vida. No es necesario que tengamos que naufragar literalmente en una isla desierta para poder recapacitar y cambiar el rumbo. A veces naufragamos de otras maneras...

¿Y el cuarto elemento?

Pero, ¿existe un cuarto?

Sí, siempre hay un cuarto.

Las creencias.

Lo que hemos decidido creer. Las creencias en base a las cuales hemos decidido articular nuestra realidad, nuestro mapa de las relaciones amorosas. Así pensamos, así vivenciamos nuestra vida.

Si, por ejemplo, creo que unido a la profundización está el dolor, trataré por todos los medios de evitar el compromiso en una relación.

Si, por ejemplo, me han hecho creer que una mujer ha de amarme por el hecho de ser hombre, protegerla y darle cariño, a buen seguro no haré nada para ganarme su afecto.

Si, por ejemplo, creo que todo matrimonio es cárcel, pérdida de libertad (ya no podré ir de picos pardos cuando me dé la gana), si me centro más en lo que puedo perder (sin valorar la calidad de lo que pierdo) que en lo que puedo ganar (valorando la calidad de lo que puedo ganar), entonces, a buen seguro huiré del compromiso como la peste.

¿Y el quinto elemento?

Sinceramente creo que es la pieza clave.

El quinto elemento se basa en que pedimos, pedimos, y pedimos más. Exigimos hasta crear una exigencia que ha perdido todo contacto con la realidad.

¿El antídoto?

Reflexionar. Pararse a pensar por qué y para qué quiero una relación. ¿Qué creo que me aportará una relación amorosa con una mujer? ¿De lo que pido, qué ofrezco?

¿Por qué no buscas a una mujer que se parezca a ti, en vez de buscar lo opuesto? Iguales y complementarios. Deja ya de ir por la vida de guerrero rescata damiselas y acepta que lo igual atrae a lo igual.

Oh, lo olvidaba. Unido a la reflexión has de decidir si estás o no dispuesto a esforzarte, a luchar por conseguir aquello que buscas y anhelas. No me refiero a ir detrás de mujeres que se hacen las interesantes, duras, inalcanzables... sino de esforzarte por lograr que una reina se fije en ti, se enamore de ti. Me refiero al esfuerzo que conlleva co-crear una relación estable, comprometida, sólida, amorosa, real, madura...

¿Estás listo?

¿Estás harto de estar solo?

¿Estás hasta los *kinders* de damiselas de diadema floja que te aburren las noches de luna llena, que reclaman tu atención, amor, dinero y cobijo estelar?

Si es cierto que estás harto, entonces hazte la siguiente pregunta: «¿Cómo contribuyo yo a esta situación que me tiene hasta los *kinders*?».

Chissss, ¡no deberías saltarte la reflexión!

He conocido a muchos hombres que no saben poner límites en su vida. Hombres de inteligente neurona pero de bajo coeficiente emocional e ignorante alma, que aguantan, literalmente, a mujeres que lo único que hacen es usarles como paño de lágrimas (sale más barato que hacer terapia y pagarse un *coach*) o como tarjeta de crédito al estilo «vuelo *non stop*, sin escalas», mientras la suya está bien guardada en el cajón de la cómoda. Asimismo, los usan como papelera de sus frustraciones emocionales: se vengan de todos los hombres que no las han amado o les han hecho daño.

Y ellos se dejan.

¿Por qué?

Sencillamente, porque creen que así les amarán.

«Oh, ¡esto me suena!», dirían las mujeres.

Todos, todos, todos... Tanto hombres como mujeres buscamos que nos amen. Pero sólo yo puedo amarme de verdad a mí mismo.

Si quieres que te amen, aprende a amarte tú primero, y así sabrás cómo te gusta que te quieran, qué estilo de amor ofreces y qué tipo de mujer es la que tu alma anhela.

Vamos allá.

Este ejercicio de introspección puedes hacerlo cuando quieras, pero te recomiendo que crees un espacio tranquilo (donde nada ni nadie ni reloj alguno vayan a interrumpir el viaje hacia el interior de tu ser).

CÓMO SER REY Y MOSTRÁRSELO AL MUNDO

Este «cuestionario» o chequeo emocional no es obligada tarea. Por el contrario, toda introspección ha de realizarse libremente y por decisión propia. Por regla general, una introspección del corazón y del alma se aborda cuando uno se ha hartado de errar el sentido, de despertar del sueño de vacía emoción, de anocheceres de olvidable deseo y de brazos que más que abrazarnos asfixian el alma. Sólo entonces uno se decide a emprender semejante tarea, conocida como «la noche oscura del alma» o «la travesía del desierto». En este cuestionario no están todas las preguntas que son, ni todas las que están lo son. Ahora bien, te prometo que cuando termines el cuestionario —si has logrado sobrevivir— sabrás sobre ti mucho más que antes de iniciar la travesía a ese lugar desconocido y oscuro de la psique. Dicen que las mujeres se cuestionan mucho más las cosas que los hombres. ¿Verdad o mentira? Todo depende. Darle vueltas a algo no implica necesariamente hacer introspección. Introspeccionar, meditar, analizar la psique no es lo mismo que darle vueltas a un asunto mareando la perdiz, no. Se da el caso de personas que «dan vueltas en círculo» creyendo que avanzan, pero sudan de lo lindo y terminan sin resuello sin progresar lo más mínimo, terminando tan confusas o más que al inicio.

¿Te atreves a sumergirte en el lado oscuro de tu yo? Oscuro por lo de no iluminado, por lo de desconocido. Digo que es «oscuro» porque aún no se ha visitado esta zona de nuestra psique.

Te garantizo que cuando hayas terminado el cuestionario, sabrás más de ti, conocimiento que no necesariamente ha de darse de forma inmediata una vez concluido el análisis. A veces, la inspiración y las conclusiones tardan en llegar, y suelen hacerlo sin anunciarse.

Vamos allá.

1. Si fueses mujer ¿qué te atraería de un hombre?
2. Si fueses tu madre (la que has tenido de verdad en esta vida), ¿qué tipo de hijo querrías tener? ¿Qué esperarías de él?
3. Si fueses tu padre (el que de verdad has tenido en esta vida), ¿qué pensarías del hecho de ser hombre?
4. De nuevo, si fueses tu padre (imagínate que eres él), ¿qué dirías de tu esposa? ¿Y de tu propia madre? ¿Y de las mujeres en general?

5. ¿Qué piensan tus amigos de las relaciones sentimentales?
6. Si pudieses diseñar a tu mujer ideal, ¿cómo sería? (Y no sirve el físico, has de hacer un diseño interior.)
7. Vamos a diseñarte a ti:
   a) ¿Qué es lo importante para ti en esta vida? ¿Qué es sagrado para ti? ¿Qué constituye tu escala de valores?
   b) ¿Qué destacarías de ti como ser humano?
   c) ¿Cuáles son tus capacidades, habilidades, talentos, dones?
   d) ¿Cómo es tu niño interior? ¿Qué cosas te dice? ¿Cómo te gusta que te amen?
   e) ¿Qué sueños tienes?
   f) Si tuvieses todo el tiempo y el dinero del mundo, ¿qué harías?
   g) ¿Qué te motiva?
   h) ¿A qué crees haber venido a este mundo? ¿Cuál es tu misión vital?
   i) ¿Qué tipo de alma dirías que eres?
   j) Si fueses un animal, ¿cuál serías? ¿Por qué?
   k) Si fueses un color, ¿cuál serías? ¿Por qué?
   l) Si fueses guerrero, ¿cuál serías y por qué?
   m) Si fueses rey, ¿cuál serías y por qué?
   n) Si fueses mago, ¿cuál serías y por qué?
   o) Si fueses amante, ¿cuál serías y por qué?
8. ¿Qué crees que te puede aportar una mujer?
9. ¿De qué tienes miedo en tu vida?
10. ¿Por qué trabajas en lo que trabajas?
11. ¿Por qué te casaste, divorciaste, no te casaste nunca, etcétera?
12. Cuando comenzaste a relacionarte con chicas, ¿qué te atraía de ellas?
13. ¿Crees en la existencia del alma?
14. ¿Quién eres más allá de tu identidad con relación a algo más grande que tú?

15. ¿Qué es para ti el amor?
16. ¿Cómo te gustaría que fuese la relación sentimental más importante y valiosa de tu vida?
17. ¿Cómo vas contribuir a que esto último sea así?
18. ¿Qué haces y no haces actualmente para que un día puedas hacer realidad este último sueño?
19. ¿Te sientes satisfecho en tu vida laboral?
20. Si no trabajases, ¿qué harías?
21. ¿Qué concepto tienes de ti mismo?
22. ¿Qué metáfora harías de ti?
23. ¿Qué libro te ha impactado más?
24. ¿Qué nombre metafórico te pondrías?
25. ¿Por qué una mujer-reina tendría que enamorarse de ti y amarte con toda la intensidad de su corona?
26. ¿A qué estás dispuesto a renunciar para darle entrada y permanencia en tu vida a esa reina que añoras?
27. ¿Qué es para ti el compromiso del alma?
28. ¿Buscas una relación o buscas a tu alma gemela?
29. ¿Cómo crees que es la reina que te anda buscando?
30. ¿Cómo crees que podrás reconocerla?
31. ¿Cómo crees que ella te podrá reconocer?
32. ¿Qué es lo más valioso que tienes para ofrecerle?
33. ¿Cómo crees que se conquista a una reina?
34. ¿Cuál es tu visión de esta vida?
35. ¿Has hecho de tu visión tu misión?
36. Si el amor pudiese definirse, ¿cómo lo definirías?
37. ¿Qué señales estás emitiendo desde el inconsciente para que tu alma gemela te encuentre?
38. ¿Cómo recibirás a la reina de tu vida? ¿En qué tipo de situación quieres que te encuentre?
39. Si ella no llega nunca a tu vida, ¿qué harás? ¿Cómo será el resto de tu vida?

Conclusiones: Haz tu propio resumen y saca tus propias conclusiones. Recuerda que todas las capacidades están dentro de ti, sólo es cuestión de intentarlo y adquirir práctica.

Comentarios: muchos hombres me han insinuado que me he pasado con tanta pregunta. Otros me han comentado que no están bien «jerarquizadas». Otros se han centrado en el «¿qué me proporcionará responder a dicho cuestionario?». Y las mujeres me han hecho un comentario generalizado y consensuado: «No creo que un hombre vaya a responder a semejante cuestionario. Ellos no se psicoanalizan».

¿Estáis de acuerdo?

Yo, particularmente, lo estoy y no lo estoy. Muy gallega yo... Cierto, pero sólo en mis respuestas y preguntas. Lo estoy y no lo estoy porque me baso en mi realidad cotidiana. He hecho *coaching* a hombres dispuestos a adentrarse en las profundidades de su alma, y he conocido a otros que no osaban asomarse a su psique ni un centímetro. Los hay de todas las tipologías. Igual que ellas, porque también hay muchas mujeres que no osan introspeccionarse ni lo más mínimo. Hay de todo en la viña del Señor...

Corazones alados

Reflexiones después de las opiniones, vivencias, sentimientos y experiencias humano-emocionales.

Tras muchos años en la Tierra viviendo una vida humana, relacionándome con otros seres humanos en su búsqueda y en su pérdida o extravío vital; tras muchas horas de trabajo como *coach* y entrenadora de otros profesionales en el tema de las relaciones humanas, regreso al mismo lugar en el que estaba antes de empezar. Me reafirmo en mi propia hipótesis de trabajo: la relación que tenemos con los demás es la que tenemos con nosotros mismos, y sólo desde la madurez emocional es posible tener una relación humana sólida, igualitaria, realista, sensible y sensata con otro ser humano.

Los niños no guardan la memoria del rencor ni poseen cajas de agravios ni de insultos de despiste comunicacional. Con ellos es fácil entenderse, pues expresan con tal soltura, frescura y espontaneidad sus sentimientos que es imposible no llevarse bien con ellos. Semejante diafanidad no propicia malos humores, malicia, malos ratos ni morros. Si algo no les gusta, lo expresan sin pudor. Si algo no les apetece, dicen «no» con tal contundencia y claridad que es imposible no escucharles. La firmeza, claridad, sencillez y rotundidad de exposición de sus estados emocionales facilita la comunicación con ellos. Es de agradecer el que no tengan expectativas acerca de uno, ni que nos pasen factura si algo de lo que les dijimos o hicimos no les gustó o fue en contra de su voluntad infantil (no se les debe decir que sí a todas sus peticiones).

Tengo una sobrina de cuatro años. Su personalidad es ciertamente bien estructurada, fuerte, proactiva, líder, atrevida, osada, mandona, jovial, cariñosa, ocurrente, divertida, genial y talentosa. A mí me encanta, pues me gusta la gente directa, inteligente, fuerte, sensible, arrojada, franca, líder y proactiva que asume la responsabilidad de su vida. Pero, además de eso, la adoro porque cuando estoy con ella me recuerda que todos llevamos dentro el programa de la libertad.

«¿Programa de libertad?»

Cierto.

La libertad de ser nosotros mismos, la de no tratar de agradar a los demás, la de defender nuestro derecho a ser comprendidos, la relativa a la declaración de nuestros derechos fundamentales, la de ser espontáneos, la de no guardar rencor alguno, la de no albergar apestosos «me las pagarás», la de no aferrarse a que sólo existe un único y absoluto punto de vista, la de anteponer el amor a todo conflicto.

Sigo soñando con un mundo mejor. Trato de colaborar a su consecución. Pero, como siempre, es cosa de dos.

En PNL (Programación Neuro Lingüística) se ha desarrollado un modelo para ayudar a la gente a entenderse mostrándole que existen cuatro posiciones de percepción de la realidad fundamentales: Yo (primera posición perceptual); Tú/El otro (segunda posición perceptual); Neutra (tercera posición perceptual; es la observación de la interrelación de la primera y la segunda); y NOSOTROS (engloba a las tres anteriores).

Si nos empecinamos en encerrarnos en nuestra primera posición, no existe ni la más mínima posibilidad de entendimiento. Por ejemplo, *(a) si las mujeres siguen opinando que los hombres son tal o cual*, o *(b) son los hombres los que opinan tal o cual de todas las mujeres*. Siempre que sostenemos una opinión cerrada, absoluta y generalista estamos propiciando el no-diálogo.

La madurez emocional consiste en ser capaz de observar el punto de vista de otros, analizarlo, contrastarlo con el de uno y sacar conclusiones. Cada vez que nos creemos en posesión de la verdad absoluta, que imputamos al otro intenciones, ausencias o comportamientos de índole punitiva o maliciosa, estamos propiciando y gestando abismos en las relaciones en vez de construir puentes de entendimiento.

En mi práctica profesional trabajo con hombres y mujeres de diversas procedencias profesionales, y tengo que decir que existe un gran despiste existencial, ya que muchos no saben ni siquiera quiénes son aunque, paradójicamente, creen saberlo. Confunden dignidad con aferrarse a ideas que les cierran puertas. He visto a muchas parejas y familias desmembrarse porque uno o varios de sus miembros sostenían una postura rígida y antipacifista (equivalente a no querer crear paz, argumentando que no se quiere discutir y lanzando dardos envenenados en forma de frases aparentemente inocuas). Alguien se erige en figura de autoridad y la acompaña de *victimismo razonil,* esgrimiendo como todo argumento que «el otro NO le entiende». Una de las posturas preferidas por las mujeres es la de víctima incomprendida. Se hacen las de rogar, castigan con el silencio y apelan a que ellos no tienen en cuenta el corazón y sólo discuten, argumentan o tratan de dialogar desde la mente. Yo trato de recordarles que cuando un dedo señala al otro, tres apuntan hacia nosotros.

¿Empecinamiento?

¿Obstinación?

¿Ceguera intelectual?

¿Víctimas y verdugos?

Más fácil que todo eso.

Inmadurez espiritual y emocional unida a un alma herida que no ha hecho frente a su dolor, que no lo ha llorado.

En este mundo existen siempre varias posiciones, y cada vez que nos aferramos a una de ellas estamos volviéndonos fundamentalistas. No existe una víctima al cien por cien. Igualmente, tampoco existe el verdugo al cien por cien. No podemos exigir al otro que nos pida perdón o repare nuestros desaguisados emocionales si no estamos dispuestos a admitir que nosotros también colaboramos en esa situación.

¿Colaboración?

Sí, de nuevo la colaboración.

Uno es responsable de lo que comunica y no comunica.

En toda negociación de desacuerdos, despistes, olvidos, agravios y pérdidas de comunicación, ambas partes han de quedar satisfechas. Ambas partes necesitan ser escuchadas. Ambas partes han de encontrar compasión por parte del otro. Si uno no lo encuentra, acabará por irse de la relación.

Estamos tan acostumbrados a que no nos amen que, cuando hallamos a alguien dispuesto y capaz de hacerlo, no sabemos qué hacer y boicoteamos la relación de forma inconsciente. A veces, este boicot inconsciente consiste en pretender que todo ha de ser de color rosa, como nos lo pintan en las películas de Hollywood, y en cuanto surge el más mínimo conflicto lo magnificamos, llegando a crear un verdadero problema donde no lo había. Se da el caso de personas excesivamente emotivas, cuyo animus está seriamente herido y cuya *Mujer salvaje* (como diría Clarissa Pinkola Estés, psicoanalista jungiana y cantora) está herida, olvidada, perdida y desnutrida, y cree que si se hace la víctima conseguirá que le hagan caso, que la escuchen.

Pues no.

Pero, desafortunadamente, demasiadas mujeres adoptan esta postura. Y, digo desafortunadamente, porque no sólo no lograrán reparar la relación, sanearla y darse la oportunidad de decidir si quieren o no seguir en ella, sino que se irán —y eso es, en mi opinión, lo peor— agraviadas pensando que todos los hombres son igual de insensibles, o que ellas son emotivas, sienten y padecen mientras que ellos son incapaces de sentir y sólo usan la mente para vivir.

La realidad no siempre es así.

A una mujer cuya parte masculina (animus) la ha abandonado o la tiene secuestrada, le costará ponerse en pie y defender sus derechos de igual a igual. Las mujeres cuyo animus está herido, secuestrado o ausente observan comportamientos victimistas, escapistas y propios de damiselas de floja diadema. Se aferran a la idea de que ellas son las heridas, las maltratadas, las ninguneadas, las incomprendidas, las vilipendiadas, las olvidadas, las no amadas, las víctimas... Por consiguiente, exigen que se les repare el «desaguisado» contra ellas cometido. Sin embargo, no son capaces de ver su contribución a dicho desaguisado, ni cómo se las ha tratado de ayudar. A veces, ni siquiera son capaces de ver que la otra parte está creando puentes que no le corresponde crear, haciendo lo posible o lo indecible por trazar la posibilidad de un puente de reconciliación y entendimiento.

La inmadurez emocional pasa facturas impresionantes. Lo he visto tanto en relaciones sentimentales de pareja como de amistad. Al fin y al cabo, las relaciones de amistad son una suerte de laboratorio para las de pareja. Mi profesor y mentor Robert Dilts me ha dicho en más de una ocasión que las relaciones a nivel de alma son muy diferentes a las del resto. También me ha comentado que el hecho de llevarse bien con una persona no significa que se tengan las mismas capacidades.

«¿...?», te imagino poniendo cara de perplejidad.

«¿Qué significa todo esto?», preguntarás.

Te cuento.

A mí me ha llevado mucho tiempo ponerlo en solfa o clave de explicación. La respuesta es compleja —que no es lo mismo que «complicada»— a la vez que simple.

Nos pasamos media vida tratando de hallar en el exterior lo que deberíamos cultivar en el interior. No podemos encontrar fuera de nosotros aquello que no somos. Dicho de otra manera: si yo no he madurado, si yo no soy la totalidad de mí mismo ni lo mejor de mí mismo, ¿cómo puedo exigirle a otro que lo sea? ¿Cómo puedo pretender hallar fuera lo que yo no llevo dentro?

Las personas haríamos bien en cultivar el arte de la introspección, del descubrimiento del ser interior, y saber a ciencia cierta quiénes somos, para así poder unirnos a los de nuestra manada.

Cuando trabajo con parejas les pido que reflexionen acerca de cuáles son los valores esenciales para ellos, de su idea de lo que es una relación, de cómo les gusta que les amen, cuál es su estilo de amar, cuál es su idea del amor. La mayoría no tiene ni idea de nada de esto.

¿Seguro?

Oh, sí.

Solemos parapetarnos detrás de ignorancias varias y de infantiles presuposiciones que nos complican la vida en todas y cada una de nuestras relaciones. Conozco a personas que cada vez que se presenta un problema en la relación tratan de resolverlo huyendo, atacando o haciéndose las víctimas, alegando que «las estructuras de la relación son débiles y por eso ha habido problemas».

No.

No es así, es a la inversa: el asunto se ha convertido en problema porque lo que de verdad era débil era la creencia acerca de lo que son o deben ser la relaciones.

¿Cierto?

Posiblemente.

Relacionarnos con otros es sumamente complejo si tenemos en cuenta lo mal o «lo nada» que nos llevamos con nosotros. Si uno no es capaz de aguantarse a sí mismo, si uno no es capaz de ser compasivo y comprensivo con el ser que más cerca tiene, si no es capaz de ponerse en su propio lugar, ¿cómo va a ser capaz de generar empatía con otro ser humano? Imposible.

¿Cierto?

Certísimo.

Ahora bien, puede que confundas a personas de comportamiento codependiente con las de comportamiento empático (emocionalmente sano y maduro). ¿Cómo se distinguen? Fácil. La persona de comportamiento codependiente te ayudará o hará algo por ti para que le des algo a cambio, pero no te lo dirá abiertamente. En su lugar, te «pasará una factura subliminal», esto es, te espetará un «con lo que yo he hecho por ti, y mira tú cómo me pagas». Es más, el comportamiento codependiente suele ser propio de las personas de baja autoestima y pobre sentido de sí mismas. Creen carecer de derechos, por lo que «te ayudarán aunque eso signifique hacerse daño a ellos mismos». Y cuando ayudamos a los demás haciéndonos daño, no estamos ayudando sino rescatando.

¿Rescatar?

Sí. Se nos da de miedo rescatar a otros de sí mismos mientras nuestras vidas siguen a la intemperie y nuestros asuntos siguen sin resolver.

Las personas empáticas, aquéllas con un fuerte sentido de sí mismas, con unas estructuras fuertes a nivel psicológico, que saben quiénes son y se ocupan de sus emociones y almas, ponen los límites bien puestos, no ayudando a otros cuando ello supone hacerse daño a sí mismas. En vez de rescatar se dedican a empatizar con otros seres humanos, por lo que procuran «no hacerles lo que no les gustaría que les hiciesen a ellos», o sea, «procuran tratar a los demás como les gusta ser tratados», y tratan de resolver los asuntos y crear armonía a su alrededor. Evidentemente, cuando uno está en presencia de una persona de elevado nivel de conciencia (sabia, madura emocionalmente, sincera, auténtica, genuina hasta la médula), se nota enseguida, pues además de ser una persona pletórica de energía y con brillo en los ojos, en su presencia nos sentimos rejuvenecer al tiempo que nos invade una serenidad plena de vitalidad y de alegría sinceras, como si nos diesen alas y pudiésemos elevarnos por encima de los problemas cotidianos, como si nos fuese más fácil vivir y sentirnos a gusto, en paz con nosotros mismos...

Busca personas así con las que relacionarte.

Busca a los de su nivel de conciencia.

Es más, conviértete en uno de ellos. Y así, el grupo será cada día más y más numeroso.

A cierto nivel de conciencia, la separación entre lo femenino y lo masculino —la dicotomización de los arquetipos— desaparece.

¿Por qué?

Sencillamente, porque todos somos almas viviendo una experiencia humana, y cada uno decide qué ingredientes de los que conforman el cóctel llamado ser humano, combinará. Por ello, si desapareciese la separación entre masculino y femenino, si dejásemos de etiquetar y clasificar las capacidades o características propias del ser humano dicotómicamente, nos sería más fácil vislumbrar al ser que hay debajo de la piel y nos sentiríamos más aceptados, amados y entendidos.

¿No será una bella utopía?

No.

Lo parece, pero no lo es.

Yo llevo traje de mujer, pero tengo características de esas conocidas o etiquetadas como «masculinas». El cóctel humano que he creado para esta vida ha usado ingredientes de los llamados masculinos en buena medida, proporción y equilibrio armónico con los etiquetados como femeninos. ¿El resultado? Una personalidad nada común o habitual en cuerpo de mujer, y por ello tachada de «rompemoldes» (aunque confieso que me encanta el mote). Podría haber creado un cóctel diferente, pero no lo he hecho, no creo que necesitase ser damisela en esta vida humana, sino un ser propio de mi rango de evolución de conciencia. Por ello animo a otros seres a que descubran que la solución a sus males no pasa por responder a la pregunta: «¿Por qué no consigo ser alguien mejor, diferente, así o asá, por más que me esfuerzo?». Por el contrario, les digo que deben hacerse la pregunta siguiente: «Por qué no me esfuerzo en ser simplemente quien verdaderamente soy?». Y, además, les animo a que lo sean.

De eso se trata, de ser el Ser que uno es en realidad. Se trata de amarlo, de aceptarlo, de brillar la Luz del alma que mora en este traje físico. Uno no ha de ser nadie diferente a quien es, sino simplemente quien es. No hay cócteles mejores o peores. Simplemente, hay cócteles distintos. Siempre he creído que si en esta vida me he puesto este traje de mujer, si físicamente soy así o asá, si los rasgos de mi personalidad son de esta determinada manera, lo son por alguna razón. No creo que sean fruto del azar, sino de una concienzuda planificación a nivel de alma, puesto que creo en la vida eterna, en eso llamado «inconsciente colectivo» o, dicho de una forma menos políticamente correcta, en la reencarnación del alma. Sí, estoy convencida de que vivimos muchas y diferentes vidas humanas, en las cuales aprendemos, evolucionamos, olvidamos, nos perdemos, amamos, odiamos, reaprendemos, nos volvemos a encontrar y seguimos hacia delante. Sólo somos almas viviendo una experiencia humana. Con una creencia así, me es más fácil relacionarme con hombres y mujeres, y puedo llegar a entender que amamos a las personas o almas que pueblan esos cuerpos físicos, que amamos su esencia, no su identidad sexual. Amamos a la persona, independientemente de que sea hombre o mujer.

Soy un alma viviendo su experiencia humana del siglo XXI, así de simple. Un alma que tiene el privilegio de vivir en una época de grandes cambios en lo relativo a la evolución de la conciencia humana. Tengo muy claro que amo a las personas independientemente de su pasaporte, edad cronológica, nivel social y cultural, y aspecto físico. Por suerte para mí, veo el alma que da vida a ese cuerpo físico, y si ese alma me canta la canción de la eternidad, yo la escucho, porque nos amamos como gotas de una misma canción en ese mar de armonía universal y eterno que componen todas las almas unidas en una misma sinfonía.

Somos almas viviendo una experiencia humana.

Tenemos derecho a ser felices.

Tenemos derecho —y *obligación* divina— a tener relaciones espirituales y amorosas con personas de nuestros mismo rango de conciencia.

Tenemos derecho a amar y ser amados.

Tenemos derecho a ser quienes somos en verdad y a mostrárselo al mundo.

Si no te amas siendo quien eres, no te será posible tener a gente en tu vida que te ame a ti, al ser que de verdad vive y respira bajo la piel de tu identidad humana.

Las personas amamos las identidades que los otros nos presentan. Por consiguiente, presenta tu verdadera identidad si quieres que amen tu alma y no tu ficción social.

Hace tiempo que he dejado de ser políticamente correcta y vivo «fuera del huevo», a mi aire y según mi código ético. Mi casa está ubicada en un barrio sencillo de Madrid, que más bien parece un pueblo que la gran ciudad en la que está ubicado. Soy feliz aquí, porque yo soy feliz en cualquier lugar del mundo, ya sea en una cabaña o en la suite de un hotel de gran lujo. Algunos creen que por mi nivel profesional debería tener el despacho en un barrio más «in» de la ciudad, para mostrar al mundo mi valía. Sinceramente, hace vidas que paso de esas historias. Soy congruente con mi alma, y amo a las personas por el alma que son, no por sus «cosas materiales y terrenas». Ser así me da mucha libertad, y me permite conocer y apreciar a gente maravillosa de todas las partes y niveles sociales del mundo mundial. Por eso mismo, cuando alguien me habla de que le interesa fulanito o zutanita porque se ha enamorado o cree estarlo o considera a esa persona por razones profesionales, suelo insistir en la eterna reflexión del millón: «Supongamos que despojas a esa persona de su fama, capital social o dinero, casa, barrio, coche, carrera, etcétera. Y, con lo que nos queda, con ese ser desnudo de sus atributos sociales, sin ese «oropel-imán» de tu interés humano, ¿te sigue interesando la persona? ¿Te irías con él/ella al fin del mundo? ¿Le entregarías tu alma?».

Mucha gente huye del otro cuando éste se arruina o se hace viejo o enferma. Otros, en cambio, se quedan, pero lo maldicen y tratan de hacerle pagar el hecho de haberse quedado sin dinero o sin lo que sea. La verdadera fortuna de una persona está en su corazón, en la belleza de su alma y no en su cartera o en su posición social.

Recuerda: atraemos a los de nuestro nivel de conciencia. Y, en su defecto, atraemos a los de igual despiste existencial.

Por consiguiente, tú eliges: o rey/reina o mendigo emocional.

En gran medida, la evolución de las relaciones humanas hacia un estadio de conciencia superior, más realista, veraz, auténtico y comprometido, depende de que cada uno de nosotros muestre su verdadera identidad. Un mundo donde cada uno muestre quién es sin rubor ni malicia, a buen seguro será mucho más sereno, armonioso, equilibrado, feliz y divertido.

La evolución de conciencia, en cuanto a las relaciones humanas se refiere, es asunto de todos.

Por cierto, si fueses un coche, ¿cuál serías y por qué? ¿Crees que a la otra persona podría gustarle un coche como tú eres y estaría dispuesta o preparada para relacionarse con un coche como el que tú eres?

Te dejo con esta reflexión acerca de si eres el coche indicado para el público objetivo que representa la otra persona y viceversa. (¿Eres tú el público objetivo relativo al coche que el otro representa o personaliza?)

A veces, si nos analizásemos desde el punto de vista del marketing que se utiliza en el mundo de la publicidad para relacionar a cada producto con su público objetivo y viceversa, nos daríamos cuenta de que no tenemos nada en común, o de que nos estamos rebajando y «vendiendo un diamante en una tienda de todo a un euro» o, por el contrario, de que, ¡por fin!, hemos hallado a alguien con quien hacemos un *perfect match*.

Si de verdad buscamos y deseamos con todo nuestro corazón hallar la «combinación ganadora», tendremos que esforzarnos por encajar las piezas de nuestro rompecabezas interior en primer lugar, pues dicen que «el agua y la autoestima encuentran su nivel». Por consiguiente, la próxima vez que te guste alguien, da dos pasos para atrás, disóciate y observa si esa persona «hace nivel con tu autoestima», combina contigo y a qué nivel.

Mi amiga y ex profesora de PNL, Judy DeLozier, sostiene que cuando alguien o algo nos atrae mucho, hay que dar dos pasos para atrás, para poder distanciarnos y tener perspectiva de la situación (un cuadro no se observa con la nariz pegada al mismo, pues sólo veríamos una mancha...). La perspectiva nos ayuda a no investir de fantasía o de necesidad al otro. La perspectiva y la disociación nos ayudan a mantener el sentido común en su lugar y dejar que los ingredientes se vayan a amalgamando y las realidades, desvelando. Demasiado a menudo «tenemos prisa por comernos el pastel», y lo sacamos del horno antes de tiempo.

En cualquier caso, la sensatez, la cordura, la dignidad, la autoestima, la lógica, el sentido común, la plenitud de corazón y los instintos nos ayudarán a no meternos en boca de lobo alguno.

A todos nos gustaría hallar la relación perfecta, pero la experiencia me ha enseñado que eso comienza por uno mismo. Una persona emocionalmente independiente se enamora y experimenta (si uno no prueba, no sabe cómo puede ser el resultado), pero no se engancha, no se queda en una relación que no es satisfactoria y alimenta su alma. Sólo se queda en una relación insatisfactoria aquella persona que carece de independencia emocional, de dignidad y de coraje suficientes como para coger su dolor y largarse a sanar sus heridas o, al menos, darle bálsamo a su desilusionado corazón.

Amar implica riesgos y, a veces, por más que los calculemos, hemos de experimentar para poder conocer hasta dónde puede llegar la relación.

Amar implica riesgos, pero ello no significa que haya que lanzarse de cabeza a una piscina sin haber hecho antes ninguna comprobación, pues eso no sería arriesgarse sino hacer el tonto.

Si en medio de la comprobación nos enamoramos, no pasa nada, son cosas del oficio de amar. Ahora bien, nunca ames a nadie más que a ti mismo/a. Nunca te dejes de lado por nadie. Nunca traiciones a la persona más importante de tu vida (tú) por otra persona.

Para poder dar amor del bueno, para poder amar incondicionalmente, primero habrás tenido que independizarte emocionalmente, lo cual equivale a *amar a corazón abierto, con toda la integridad y honestidad de tu alma, con la valentía y coraje suficientes como para largarte de la relación si la otra persona te traiciona, deja de amarte o no te ama con la calidad de amor que tu alma y nivel de conciencia requieren.*

Rosetta Forner es *coach* personal y profesional, *trainer* y consultora de PNL.

También es autora de los libros:
La reina de las hadas (Dilema, Madrid 2002)
Alas de luz (Mandala, Madrid 1997)
Donde nadan las sirenas (Mandala, Madrid 1998)
Una princesa en la corte de los mendigos (Mandala, Madrid 1999)
PNL, la llave del éxito (Mandala, Madrid 1999)
Cómo hacer tus sueños realidad (Obelisco, Barcelona 1997)
PNL para todos (Lectorum, México)
Cuentos de hadas para aprender a vivir (RBA Integral, 2003)
Coaching personal con PNL (Dilema, 2004)
En busca del hombre metroemocional (RBA Integral, 2005)

Rosetta lleva muchos años dedicada a la docencia, al *coaching* y entrenamiento individual con PNL desde que dejó el mundo de la publicidad en 1991.

E-mail: rforner@attglobal.net

Página web: www.rosettaforner.com

Epílogo

Lo que aún no he desvelado hasta ahora es quién es el Hada Madrina y quién «nuestra maravillosa protagonista». ¿Tienen nombres? ¿Son alguien? El Hada Madrina no es otra que Titanniä, la Reina de las Hadas. ¡Sí, la misma!

Quienes hayáis leído *La Reina de las Hadas* sabréis quién es. Titanniä, en esta ocasión, conversa con una mujer maravillosa, por cierto, ya que se trata de otra de sus misiones académicas. Al igual que ayudó a Reivaäj a descongelar su corazón en *La Reina de la Hadas*, aquí acompaña a una mujer en su viaje iniciático hacia la Verdad de sí misma. La ayuda a darse cuenta conscientemente de sus dones, sus errores, sus verdades, sus recursos y a establecer un plan real para llegar hasta él: ser ella misma y, además, disfrutarlo, porque siempre puede pasar que él no llegue y ella se quede soltera pero, eso sí, feliz y contenta de la vida que ha elegido vivir.

La maravillosa protagonista no es ninguna mujer en particular y lo son todas en general, ya que existen muchas mujeres que creen que han fracasado como tales porque no han cumplido con el rol social que se les asignó: «buscar marido, casarse haciendo una buena boda y tener hijos». Pero nadie es un fracaso. Uno tiene derecho a escoger el tipo o estilo de vida que quiera y tan válido es lo uno como lo otro. Lo que cuenta es que una persona sea feliz y se sienta satisfecha con su vida. El estado de libertad se consigue a base de revisar nuestras creencias, depurarlas y diseñar nuestro propio guión vital. Porque negarse uno a sí mismo es como suicidarse psicológicamente en vida (como afirma Luis Rojas Marcos), y eso es una barbaridad, puesto que se puede ser uno mismo y feliz al mismo tiempo. Esconder el poder real y auténtico es equivalente a esconder quienes somos, y eso es un pecado que ninguno de nosotros debería cometer. Por ello «nuestra maravillosa protagonista» no tiene un nombre en especial. Su nombre, de ser alguno, sólo podría ser *Universo*, porque representa y engloba a todos los hombres y a todas las mujeres que buscan ser ellos mismos, vivir su vida y desde ahí ofrecerse la oportunidad de disfrutar de una relación de pareja sana, auténtica y espiritual, si ésta llega a sus vidas... Porque si no llega no les pasa nada; ellos y ellas ya son seres completos y a un ser completo no le falta nada. Por eso todo lo demás es un extra sin el cual se puede estar y, al tiempo, vivir muy bien.

LA PARADOJA DE LA CORONA

Después de haber escrito *La reina que dio calabazas al caballero de la armadura oxidada,* su publicación ha traido consigo el regalo más preciado para un escritor: las cartas de agradecimiento y comentarios al libro, así como el efecto que ha provocado en quien se ha sumergido en sus palabras impresas hasta llegar a tocar el alma del libro y deleitarse con la magia que se obtiene cuando se cruza el umbral, ese umbral que nos lleva de la palabra literal a la metáfora de nuestra identidad divina, la cual permite que la palabra se haga verbo para ser sentida en las alas del corazón primigenio.

Hubo una vez una serie de reinas y de reyes que, sin saberlo, eran presas de la paradoja de la corona.

¿Paradoja de la corona?

«¿Qué demonios significa eso?», te preguntarás.

Trataré de explicarme, porque además existen dos perspectivas de la paradoja, para complicarlo aún más: la del derecho y la del revés.

Comencemos por tratar de explicar la paradoja en sí misma, o al menos el origen de mi teoría acerca de la misma.

Paradoja del derecho

A raíz de leer y releer repetidas veces las magníficas y hermosas cartas recibidas, una sombra de perplejidad comenzó a recorrer los dominios de mi aspecto profesional como *coach*, y era la siguiente: «¿Qué les pasa, sobre todo a las mujeres, que se afanan con tanto ahínco en psicoanalizar pormenorizadamente al ex —léase «último sapo al que han besado, ese que se ha demostrado andar perplejo en su armadura oxidada hasta las tuercas»—, con una precisión digna del mejor de los cirujanos de la psique humana?

¿Cómo es que se les da tan rematadamente bien el psicoanálisis de la armadura oxidada del sapo o supuesto sapo?

¿Cómo es que se aplican en el análisis del posible origen o variables que intervinieron en la gestación de la oxidación de la corona, como si fuese la coraza propia cuando es ajena?

Estas y otras preguntas inundaron mis neuronas estimulándolas hasta gritar aquello de: ¡bingo!

Personalmente sostengo, y lo dejo bien claro como *coach*, que una reina no se dedica a psicoanalizar al ex, simplemente emplea dichos esfuerzos en analizarse a sí misma y averiguar cómo se enredó la corona con semejante fiasco de pareja. Y entonces fue cuando pensé que se estaba dando, quizás, una paradoja: la corona no era tal sino una diadema floja, tan floja que se le había quedado instalada cual visera permanente delante de sus ojos creando la ilusión de que si ellas eran capaces de ver «tan rematadamente bien», la oxidación de las tuercas en la armadura de su caballero era debida a que ellas eran reinas y llevaban la corona bien puesta.

¡Ah, la paradoja!

No es corona bien puesta la que lleva una mujer cuando se dedica a psicoanalizar al susodicho caballerete atrapado en sus miedos oxidados, sino diadema. Asimismo, tampoco es reina sino damisela aquella que pierde —sí, pierde miserablemente— su tiempo en la Tierra tratando de averiguar qué le pasó al caballerete en vez de aplicarse en la preparación de su propia coronación.

Asimismo, además de analizar detallada y pormenorizadamente los supuestos porqués del despiste oxidativo del caballerete, se afanan —inconscientemente— en idear una estrategia para demostrarle al caballerete en cuestión lo equivocado que está y cómo ha de hacer para enmendar la plana, limpiarse de óxido la armadura y regresar a los brazos de ella —que, por supuesto, le está esperando aleladamente y con la diadema al pairo.

«¡No te puedo creer!», te imagino exclamando.

¡Pues créeme!, te digo yo.

El «psicoanálisis de andar por castillo» no tiene otro fin que el de hacerle ver al caballerete cuán equivocado estaba, cuán memo ha sido largándose y dejando escapar a una reina como ella...

Primer error típico de la diadema floja: confundir el acto de escapar de una damisela con el de irse con la corona bien alta de una reina. ¡A una reina jamás se la deja escapar! Ella no está encerrada en jaula o prisión alguna. Por consiguiente, ella se va de donde le da la real gana y cuando se le pasa por los diamantes de la corona.

¿Ha quedado claro?

Jamás se oirá a una reina lamentarse del idiota del caballerete, ni referirse a él con jocosos comentarios del tipo «no sé cómo pudo dejar escapar a una reina como yo».

Jamás de los jamases a una reina se le pasará ni por el más pequeño de los diamantes de su corona la idea de invertir su tiempo en analizar la psique del caballerete. Si a él le interesa hacerlo, es asunto suyo y que se pague él el psicoanálisis.

Una reina se hace a sí misma.

Una reina jamás es el producto resultante del adiós de un caballero, no. Ni aún cuando éste la haya dejado plantada. Cuando se da este último caso, una reina se agarra a la corona y, caso necesario, hasta se contrata una *coach* para recuperarse del soplamoco vital que supone darse en todos los morros regios con el óxido herrumbroso que destilan los besos de un sapo.

Una reina, cuando ya es reina de verdad de la realeza, usa sus neuronas para pensar en, por y para sí misma, y no para idear estrategias rocambolescas de recuperación del caballerete a través de hacerle ver cuán equivocado está, esto es, lo alelada que tiene la espada.

¡Oh! Antes de que lo olvide. Es muy fácil detectar a una reina, basta una simple prueba del algodón.

Prueba del algodón:

1. Una reina jamás habla mal del ex-sapo.
2. Una reina jamás acusa al otro de ser el causante de sus males.
3. Una reina jamás de los jamases se tira de la corona y de los reales pelos y se dedica a despotricar acerca de lo estúpido que ha sido el caballerete herrumbroso. En su lugar, hace algo más provechoso, a saber: irse de viaje, de compras, de *coaching* regio, de excursión a Yellowstone o a Benidorm.
4. Una reina no se arrastra llamando al otro y diciéndole de todo.
5. Una reina no le dice al caballerete oxidado que ya no quiere seguir con él pero que *pueden seguir siendo amigos*, eufemismo entontecedor de diadema floja donde los haya...
6. Una reina no malgasta sus neuronas regias en afanarse en autoanclarse una creencia demoledora de la estima femenina, a saber: «Yo creo que este matrimonio aún tiene solución», o «si él se da cuenta de la reina que soy, volverá».
7. Una reina no es una mendiga emocional. Por consiguiente, se dedica a hacer preguntas clarificadoras desde el primer instante de la relación.
8. Una reina de verdad se larga al primer comportamiento incongruente o irrespetuoso del caballerete. ¡Te juro por mi corona que las reinas hacen esto! A esto se le conoce como «salir con la corona en plan Ferrari, estilo circuito de Monza».
9. Una reina no tolera, bajo ningún concepto, mentira, tergiversación ni treta alguna de seducción.
10. Una reina sabe en lo más profundo de su alma que ningún caballerete se merece el regalo de su tiempo terrestre ni la luz de su corona.

11. Una reina asume sus errores y se afana en averiguar cómo contribuyó a enredarse o fijarse en semejante sapo, pues haberlos que finjan de fábula, haylos. ¡Palabra de *coach*!

12. Una reina se aferra a sus creencias, ideas y estilo de relación que considera dignos para ella.

13. Una reina sabe muy requetebién cómo le gusta que la amen, y distingue entre falsos romanticismos e ingenuismos.

14. Una reina no hace prospecciones de mercado, esto es, no va buscando consorte que encaje en su vacío existencial. Una reina ansía enamorarse, y eso sabe que no pasa con cualquiera.

15. Una reina sabe que el amor no se crea a voluntad ni se finge ni se roba ni se ruega ni se alquila ni se presta ni se vende... ¡Simplemente, un buen día sucede!

16. Una reina sabe que los comportamientos del primer día del caballerete en cuestión serán los del segundo y los del tercero y así *ad infinitum*... Por consiguiente, las faltas de respeto del primer día posicionan al caballerete en cuestión otorgándole el rango de sapo sapete sapón del que hay que salir huyendo a todo cañón.

17. Una reina no teme estar sola. Todo lo contrario, ¡adora estar consigo misma!

18. Una reina no duda de su valía jamás, no importa cuántos sapos le canten desde su charca.

19. Una reina se pregunta cada día cómo se siente. Y luego calibra si su deseo o ideal de bienestar interior coincide con su realidad.

20. Una reina no teme al compromiso en cada una de sus fases, esto es, no se dedica a seducir para luego dejar tirado al otro cual colilla apestosa. Me explicaré. Cada vez que una mujer exhibe comportamientos contradic-

torios del estilo caballero armadura muy oxidada hasta las retuercas, esto es, «ahora te llamo, ahora no te llamo; ahora te hago caso, ahora ni me acuerdo de ti, ahora me muestro muy interesado en ti pero si me haces caso, me largo y te doy con el silencio en los morros y me pongo en modo *missing*; ahora te trato de dar celos, ahora te relleno a regalos; ahora te adoro, ahora te compro un loro para que te haga compañía y una caja de pañuelos de papel para que te enjugues las lágrimas que te hago derramar...» Eso no es reina sino damisela de flojísima diadema. Palabra de *coach*.

21. Una reina no teme preguntar.
22. Una reina se atreve a mostrar lo que piensa y siente.
23. Una reina asume sus miedos y aprende de sus errores.
24. Una reina es reina, no necesita hacérselo creer a sí misma poniendo verdes a los hombres.
25. Una reina tiene vida propia.
26. Una reina no alberga resquemor ni odio en sus alforjas, y en sus palabras jamás se detecta animosidad alguna contra los hombres ni lamentaciones victimistas en pro de las mujeres.
27. Una reina es una reina.

PARADOJA DEL REVÉS

Vamos con la paradoja del revés: una reina se cree menos reina por el hecho de que a su lado las damiselas se hacen pasar por reinas, y ella acaba por dudar de su real cordura porque lo que las otras le muestran es un reflejo repleto de incongruencias que marea hasta al más sereno.

Creo que la hay, es la siguiente: la paradoja del revés se da cuando los sapos o caballeros de armadura oxidada llegan a creer que una damisela es una reina, esto es, confunden a las damiselas con las reinas y a las reinas las toman por damiselas resentidas, respondonas, prepotentes y deslenguadas.

¿Es posible?

Me temo que sí.

Los caballeros de armadura oxidada no creen que existan las reinas. Por eso no aceptan que una reina pueda serlo. En su lugar, le dicen que es una damisela que se ha leído muchos libros de autoayuda o que tiene algún amigo hombre que la aconseja.

Los caballeros de armadura oxidada consideran que las reinas simplemente se creen eso, pero que no lo son. Por consiguiente, tratarán de hacerle creer que se ha leído demasiados libros de psicoanálisis y que es una nueva treta para cazarle.

Los caballeros de armadura oxidada tratan de hacerle creer denostadamente a una reina que las mujeres son de Venus y los hombres de Marte. Por lo tanto, ellas nunca podrán ser seres completos con un sentido de sí mismas estructurado, firme, brillante y digno.

Los caballeros de armadura oxidada se afanan en marearle la corona a una reina buscándole defectos y haciéndole creer que es una insegura.

Muchos caballeros de armadura oxidada están acostumbrados a «pilinguis emocionales» que venden su corazón por unas monedas oxidadas de nada... ¡Y claro! Se les retuercen las tuercas cuando una reina les hace corte de corona, les agarra por los *kinders* y se los hace tortilla a la francesa...

La paradoja del revés es lamentable, como lamentable lo es la del derecho. Y es que muchos hombres se creen caballeros por el simple hecho de tener espada y ceñir título de caballero de cruzadas.

Muchos hombres se creen que las mujeres son reinas simplemente porque les dan en los morros con un adiós.

Muchos hombres creen que las damiselas son la única especie viva.

Muchos caballeros de requeteoxidada armadura se creen reyes tan sólo porque tienen señora en el castillo y ésta va de reina, no aceptando que muchos de los que están en pareja están más oxidados que muchos de los desparejados.

Muchos caballeros de oxidada armadura confunden realidad con fantasía, esto es, no se dan cuenta de que la damisela les está colonizando mientras les distrae las tuercas con una corona de pega.

* * *

El nuevo arquetipo femenino emergente en el siglo XXI es ciertamente ancestral: hunde sus raíces en la sabiduría de Gaia y en el origen estelar o universal del alma.

El alma.

Y llegamos al verdadero centro de la cuestión.

Las almas vivimos vidas humanas. Y toda reina es un alma muy evolucionada enfundada en traje de mujer. Lo mismo que un rey es un alma vieja enfundada en traje de hombre. Ambos saben, conocen y tienen muy claro que la escala de valores en base a la cual articulan su vida proviene del alma (referencia interna), y no de la sociedad manipuladora y alienante del sentido común divino.

Un alma despierta sabe que lo que acontece en nuestras vidas es responsabilidad nuestra. Por consiguiente, tanto lo

284

que nos gusta como lo que nos disgusta en otros, en nuestra vida, en nuestros trabajo, relaciones afectivas y laborales, es asunto nuestro, esto es, el producto resultante de las acciones y omisiones que se dan por aplicar el libre albedrío.

Un alma inteligente sabe que lo mejor que puede hacer es aprender a hacerse sus propios deberes, ya que nadie te hace los deberes ni te los hará ni te los podrá hacer aunque quiera.

Ha llegado el momento de despertar el auténtico femenino en todos nosotros.

La mujer ha de dejar de estructurarse y dotar a su vida de sentido en base a su relación con un hombre. Ha de dejar de correlacionar su feminidad o el grado de la misma con el tamaño de sus pechos, su función reproductora, la cantidad de hijos que tiene, lo mucho que se maquilla, lo coqueta que es, a cuántos hombres ha conquistado, el tipo de marido que ha logrado cazar, y un sinfín de variables que sólo lograrán amarrarla de por vida a la silla de la damiselez de diadema floja requetefloja.

Una mujer no tiene un estilo de pensamiento o capacidades llamadas femeninas por llevar traje de mujer. No. Las tiene como ser humano. O esto se lo graba en la corona o nunca lograremos hacer realidad la igualdad intrínseca que tenemos los humanos a nivel de alma.

Una mujer no ha de demostrar más que un hombre que vale en su trabajo por el hecho de llevar traje de mujer... O desterramos creencias de este estilo o seguiremos dándoles argumentos de mucho peso a los machistas impertinentes del mundo mundial.

Las reinas se ganan su corona día a día.

Las reinas cuidan de su corazón y mantienen en forma sus instintos.

Las reinas no hablan mal de los hombres.

Las reinas tienen capacidades, habilidades, talentos y dones en función del contenido, experiencia, estilo, grado de evolución que son a nivel de alma y misión humana que se han autoasignado para esta vida terrena.

Los reyes, tres cuartos de lo mismo que las reinas. Por consiguiente, ellos también aman, sienten, se pierden, se encuentran, extravían su sentido vital, se recuperan, dudan, aman, intuyen, analizan, cocinan, lloran, padecen, dudan, sueñan, escriben, duermen, se cansan, se asustan, necesitan muestras de afecto, gustan de ser abrazados, se sienten inseguros y necesitan confirmaciones y guía...

Los hombres son simplemente almas en traje masculino, un género sexual diferente al de la mujer. Punto.

El resto es historia que hay que dejar atrás y así poder ir, por fin, en pos de la recuperación de la dignidad.